陕 西 师 范 大 学 优 秀 著 作 出 版 基 金
陕西师范大学国际商学院一流学科学术著作出版基金 资助出版

以文化交流助推“丝绸之路经济带”合作发展研究

姚　宇◎著

中国经济出版社
CHINA ECONOMIC PUBLISHING HOUSE
北 京

图书在版编目（CIP）数据

以文化交流助推“丝绸之路经济带”合作发展研究 / 姚宇著 . --北京：中国经济出版社，2023.7

ISBN 978-7-5136-7363-1

Ⅰ. ①以… Ⅱ. ①姚… Ⅲ. ①丝绸之路-经济带-国际合作-研究 Ⅳ. ①F125

中国国家版本馆 CIP 数据核字（2023）第 115937 号

责任编辑　叶亲忠
责任印制　马小宾
封面设计　华子图文

出版发行　中国经济出版社
印 刷 者　北京富泰印刷有限责任公司
经 销 者　各地新华书店
开　　本　710mm×1000mm　1/16
印　　张　15
字　　数　200 千字
版　　次　2023 年 7 月第 1 版
印　　次　2023 年 7 月第 1 次
定　　价　88.00 元
广告经营许可证　京西工商广字第 8179 号

中国经济出版社 **网址** www.economyph.com **社址** 北京市东城区安定门外大街 58 号 **邮编** 100011
本版图书如存在印装质量问题，请与本社销售中心联系调换（联系电话：010-57512564）

前 言

“丝绸之路经济带”共建倡议是党和国家在后金融危机时代对世界经济多元化趋势所做出的重大战略判断，是党和国家站在人类历史进程高度上对我国未来经济发展方向和世界经济合作模式所进行的重大战略设想，是当前我国经济摆脱对英美体系依赖、应对全球危机和实现经济多元转型的重大战略选择，将对实现我国乃至世界经济长期稳定的可持续发展产生深远影响。新冠病毒疫情之下，这一倡议的智慧更加显现。

本书在“丝绸之路经济带”共建倡议提出的过程梳理基础上，分析了共建倡议的本质，并基于习近平总书记所提出的“丝绸之路经济带”“五通建设”方针分析了“丝绸之路经济带”合作发展的具体内涵。基于以上分析得出本书第一个关键结论：文化交流是“丝绸之路经济带”合作发展的灵魂和动力。该结论源自“丝绸之路经济带”共建与英美主导海洋经济一体化两种全球化模式最根本的区别：前者以文化上的相互尊重和相互理解为基础推动经济上的互利合作，文化在前、经济在后，是充满文化关怀的“本地市场效应”所推动的经贸合作；而后者伴随大宗商品倾销和激烈的文化冲突进而实施文化征服，经济在前、文化在后，是只强调生产技术“禀赋效应”所拉动的贸易往来。基于这一区别，本书分析了文化交流与丝绸之路经济带“民心相通”建设、“货币流通”建设、“道路联通”建设、“贸易畅通”建设和“政策沟通”建设之间的关系。

在对“丝绸之路经济带”共建中文化交流的关键作用进行阐释的基础上，本书基于文化传播和跨文化传播理论进一步得出了全书又一个关键结论：推进“丝绸之路经济带”文化交流的本质就是有效开展文明间相互的跨国和跨地区文化传播。该结论既是源于“丝绸之路经济带”在地域上的跨文化属性，更是因为“丝绸之路经济带”共建的基础是文化上的相互尊重和相互理解。本书继而逐一分析了基于人际传播、大众传播、组织传播和群体传播四种传播类型在“丝绸之路经济带”文化交流中的主要表现形式。

由于不同文化传播形式自身特点的限定，其所针对的传播受众、所涉及的传播内容和所实现的传播效果都具有一定的局限性，为实现全面有效的跨文化传播目标就需要对多种不同类型的文化传播形式进行有机组合。文化传播路径是以文化传播目标为指向的文化传播形式组合。本书基于文化传播类型先后构建了“文化传播路径一般模型”（依照文化传播的目标对文化传播形式进行任意组合）、“‘丝绸之路经济带’跨文化传播路径模型”（以文化上相互尊重为前提的跨文化传播形式组合）以及“‘丝绸之路经济带’跨文化传播路径选择模型”（强调政府作为特殊的组织具有初始推动力的跨文化传播形式组合）。本书以最终构建的“‘丝绸之路经济带’跨文化传播路径选择模型”为基础，对文化交流推进“丝绸之路经济带”合作发展可行路径进行了分析，提出了六种类型的可行路径，进而对“丝绸之路经济带”跨文化传播的具体路径进行了专题研究，每种类型各选择了一条对“丝绸之路经济带”跨文化传播和经济合作影响非常重要的路径，详细分析这些文化交流形式推进“丝绸之路经济带”合作发展的机理、成效、问题和解决办法。其中，“政府传播—群体传播—人际传播”路径选择了海外华人群体对中华文化的跨文化传播；“政府传播—群体传播—大众传播和人际传播”路径选择了本次抗击新冠肺炎疫情过程中专家群体的国际合作；

“政府传播—组织传播—人际传播”路径选择了与“丝绸之路经济带”经贸合作高度契合的企业组织（跨境电商平台）的跨文化传播；“政府传播—组织传播—大众传播”路径选择了文化产业（基于人际传播的国际旅游除外）跨文化传播中的关键环节，即国际间文化产品贸易；“政府传播—大众传播和组织传播—人际传播”路径选择了国际旅游的跨文化传播；“政府传播—组织传播”路径选择了高等教育的跨文化传播。本书最后对整个研究进行了小结并提出了简要的政策建议。

本书系2018年度文化和旅游研究项目研究成果，并得到了陕西师范大学优秀著作出版基金和陕西师范大学国际商学院一流学科学术著作出版基金的资助，特此致谢。

目 录

绪　论

一、问题的提出

“丝绸之路经济带”共建倡议是党和国家在后金融危机时代对世界经济多元化趋势所做出的重大战略判断，是党和国家站在人类历史进程高度上对我国未来经济发展方向和世界经济合作模式所进行的重大战略设想，是当前我国经济摆脱对英美体系依赖、应对全球危机和实现经济多元转型的重大战略选择，将对实现我国乃至世界经济长期稳定的可持续发展产生深远影响。新冠肺炎疫情之下，这一倡议的智慧更加显现。

“丝绸之路经济带”共建倡议的本质是实现迥异于英美海洋经济一体化的新型全球化发展模式，这一模式的根本特质源于陆上国家和地区间地理上的山水相连和文化上的渐进交融。需要指出，尽管“丝绸之路经济带”共建倡议旨在复兴古丝绸之路繁荣的动因，但它的范围已不再仅限于陆地国家和地区之间。随着20世纪后半叶以来的交通运输革命、互联网革命、大宗商品生产技术扩散和海洋探险空间压缩，“地球村”时代日益临近，这使得初始于陆地国家和地区之间的文明合作模式已经可以作为全世界发展合作的普遍范式。这种国家和地区间相互尊重的合作模式相较于以往英美国家单向输出制度和进行文化征服的国际交往形式（英美主导的全球化）在未来更能推进国家和地区间合作，更能推动世界各国未来的合作共赢，“丝绸之路经济带”共建倡议以及它的进一步发展“一带一路”共建倡议的提出是人类社会发展在历史新阶段的内在要求。

在经济与文化的关系上，“丝绸之路经济带”共建倡议与英美主导的海洋经济一体化最为根本的区别是前者以彼此尊重的文化交流带动商贸往来（服务本地市场的差异化商品），而后者以贸易倾销（廉价标准化大宗商品）带动文化征服。因此，文化交流对于“丝绸之路经济带”共建倡议的落实意义重大，只有文化交流所推动的“民心相通”得以实现，基于硬性设施建设的“道路联通”和基于软性政府合作的“政策沟通”才有可能实现，社会信用体系的相互认可——“货币流通”和服务于本地市场的差异化商品交换——“贸易畅通”才具有了前提和基础。基于此，本书希望对我国以文化交流推进“丝绸之路经济带”合作发展进行研究，旨在对此问题在理论上进行阐释，在实践上寻找路径，并提出可行政策建议。

二、文献述评

文化与经济发展的关系一直是具有家国情怀和人文情怀的经济学家和社会学家关注的重点，他们认为特定的文化（道德伦理、思想观念、宗教信仰、风俗习惯等）通过影响行为而影响经济发展。

亚当·斯密（1776）较早阐述了文化对经济的影响，通过他所提出的特定“经济人”，他指出任何市场经济的正常运行都必须建立在共享的道德观，即履行支付承诺、信守契约、尊重市场伙伴的基础上。斯密所提出的“经济人”实际上主要是指当时的“市民阶级”，他们具有“节约”“勤勉”“质朴”“慎重”“机敏”等品德，为实现经济目标达成一致，形成共同遵守的道德规律，实现了经济与道德的统一。

约翰·穆勒（1848）认为各国的经济状况依赖人类的本性，即取决于道德因素或心理因素，从而依赖各种制度和社会关系。他指出，一个国家的人民的信仰和法律会对该国家的经济状况产生很大的影响，从事经济活动的劳动力的道德品质对其劳动效率和劳动价值来讲，与智力是同等重要的。

马克思（1867）基于历史唯物论提出，生产力决定当前的主流社会结构和主导性文化，而文化一旦形成就会反作用于生产力，文化沉积的速度和改变的速度都相对缓慢，其对社会和经济会产生深远影响。

马歇尔（1890）指出文化因素和经济动机一样，都在不同程度上决定着人们的行为。他认为人民在经营过程中也会受到个人情感、道德观念的影响，宗教改革对经济发展产生重要影响并将其视作工业革命的前提。

马克斯·韦伯（1905）提出任何新的经济秩序都面临旧有秩序的抵抗，西方民族信仰的基督教新教文化孕育了一种“资本主义精神”，他将这种精神定义为一种拥护追求经济利益的思想，并指出这种精神对近代资本主义的产生和发展起到了巨大的推动作用。

熊彼特（1934）认为企业家勇于冒险的创新精神是资本主义经济能够不断持续发展的决定性因素，企业家精神是资本主义的“灵魂”，企业家精神所蕴含的就是社会创新和创新中的不断发展。苏亚雷斯（1989）从文化差异方面分析了企业家精神的核心，并比较了企业家精神影响下不同区域的经济发展效应，进一步解释了长期经济发展在空间上的差异。

刘易斯（1983）在全面分析影响经济增长的因素时认为，人均产出的增长不仅取决于区域内的自然资源，还取决于人作为经济主体的态度。刘易斯主要关注了文化对经济主体行为的影响，从个人的行为选择出发，研究了经济增长的历史因素、制度原因及社会价值取向。

与国外研究相比，国内学术界对文化与经济关系的研究起步较晚，大体上是从 1995 年之后才逐渐开展，2000 年以来这一方面研究广泛展开。

陈忠祥（1995）较早地研究了文化和经济的关系，从文化观念与文化价值系统、文化的表现形式、文化设施等方面分析了文化是如何影响经济，同时又从经济系统的结构、运行和管理等方面探讨了受制于文化的经济层面，论述了区域文化对区域经济发展的滞缓和促进作用。张培刚（1999）指出，经济水平的低下限制了社会文化的发展，而文化意识上的安贫乐道和不思进取反过来又强化了传统社会经济的落后状态，于是陷入了刘易斯所说的“贫困文化”恶性循环之中并通过代际关系的影响而世世代代传递下来；这种现世力与约束力颇强的非宗教传统观念，在社会组织和人们心态上形成了源远流长的超稳定结构，并严重阻碍着现代经济的兴起与发展。夏丽丽（2000）从文化模式、文化观念的更新、区域文化定式等方面分析了文化对经济的影响及文化因素在区域经济发展中的重要作用。渠爱雪（2004）认为区域文化始终潜移默化地影响区域发展主体，在微观层面影响企业制度安排和演进路径，影响企业用人特点、管理形式、空间布局形式和产业选择；在宏观层面影响区域创新，影响区域经济发展活力与区域综合实力，同时也影响区域经济发展模式。李艳艳（2010）认为区域文化与区域经济相互促进、互相渗透、相互结合，二者之间从本质上讲是一种共生共存的关系，提出了区域文化和区域经济协同发展的理念以及区域文化和区域经济协调发展联动机制。

相对而言，文化交流与经济发展关系的西方经典研究十分匮乏，可见的相关研究也主要表现为历史学家和社会学家的概括性陈述。例如，戴蒙德（1997）认为欧亚大陆的文化技术交流是其在人类历史上生产力领先于美洲大陆和非洲大陆的关键。这种研究匮乏的现象并非巧合，其本质原因是西方经济学者普遍秉承海洋的碰撞式文化冲突论和普世价值论，将经济发展与其文化扩张联系在一起，否定多样性文化交流在人类社会经济发展中的积极作用。张汝伦（2001）对此指出，经济全球化并不意味着世界一体化。万俊人（2001）则认为，如果我们忽略文化多元论的事实及其对经济全球化本身的内在限制，所谓全球化（英美主导的全球化）就可能是一个文化的陷阱。

相反，国内学者对文化交流与经济发展的关系却抱有较为浓厚的兴趣，且主动将文化交流与区域经济一体化联系在一起。李凤山（2003）重点研究了长城带经济文化交流的影响与变迁，指出长城带经济文化交流的影响十分广泛、深厚，历代各民族的历史和经济文化发展、各民族自身的形成与发展，都直接受益于长城带持续不断的经济文化交流。许艺萍（2004）关注了不同文化之间的差异与冲突，发现适当的文化交流能够减少我国企业在全球化经济交流中面临的文化冲突问题，提出通过以跨文化交流促进中国企业更好地加入全球经济一体化进程中，促进中国经济的发展。彭明新（2007）通过对中日文化交流的研究，发现文化交流对中国社会经济发展有很大的推动作用，中日文化交流是与世界经济全球化和区域经济一体化的发展趋势紧密相连的，是全球化发展的一个重要的有机组成部分，中日文化上的交流、发展，更对东北亚区域文化交流与发展有着重要的意义。安贞慧（2011）从推进中国文化国际化的角度指出，文化交流能够提高中国文化软实力，能够向全世界展示中国文化并提升中国国际形象，这对中国经济在全球经济一体化日益加强的今天，既是一个机遇，也是一个挑战。李红、彭慧丽（2013）从国际文化交流、文化产品贸易及文化产业国际合作三个方面进行研究，发现中国与东盟在区域经济一体化深度推进的同时，国际文化合作也快速拓展，文化合作对自由贸易区建设等经贸合作具有促进作用，同时区域经济一体化也需要国际文化交流，国际合作进程中文化与经济呈一体化趋势，故中国应加强与东盟及其他国家和地区的文化交流。

随着党中央关于建设“丝绸之路经济带”和“一带一路”倡议的相继提出，这一区域的文化交流与经济发展关系的研究迅速成为热点。

王保忠（2013）认为，“丝绸之路经济带”倡议实施过程中引起的文化交流，能够推动不同国家和地区交通、能源、产业、城市一体化，在高级阶段还能够推动贸易和金融一体化，这是丝路文化的交流与传播能够在一定程度上促进地区经济发展的原因之一。薛东前等（2013）认为丝绸之路文化的扩散可以促进商品贸易的增长，并增加地区间的人员往来，丝路文化无论是在古代还是现代都能够在一定程度上促进我国相关地区的经济发展。顾华祥（2014）指出无论是在古代丝绸之路还是在今天的“丝绸之路经济带”，文化交流都是促进国际经贸合作的重要桥梁和不竭动力。尹宏（2015）认为，要想率先在“丝绸之路经济带”建设中取得文化产业区域合作的突破，就应坚持“文化植入，制度保障，优势互补，集聚带动，整体提升”的原则，深化沿线国家和地区人文交流，探索建立文化产业合作机制，积极发展外向型文化产业，布局对外文化经贸合作区，加大对沿线国家文化投资。孙凤毅（2015）指出必须将文化作为“丝绸之路经济带”最重要的资源禀赋，让其成为“丝绸之路经济带”的“血脉”，文化的交流与汇通是推进“丝绸之路经济带”建设的有效捷径。王国刚（2015）认为中华传统文化与西方国际经济学存在明显的理念差异，“一带一路”倡议构想贯彻着基于中华传统文化的国际经济发展新理念。杨军（2016）认为，“丝绸之路经济带”可以促进沿线国家和地区对丝路文化的认同，为“一带一路”建设提供良好的文化生态环境。张瑞坤（2017）认为文化的交流与传播是人类传播活动中最重要和最基本的类型，“丝绸之路经济带”应该坚持文化先行，注重文化传播，努力构建多层次、全方位的文化传播格局，在提高文化交流的同时，提升文化的创新力、表达力、传播力和影响力，服务“丝绸之路经济带”建设，进而促进中国经济的可持续发展。徐海宁（2018）认为文化冲突会对“一带一路”共建造成阻碍，并从法制环境、宗教信仰、价值观和企业文化四个方面深入分析了企业在“一带一路”经济交往与合作时产生文化冲突的原因。

以上研究具有理论性和实践性，为本研究提供了一定理论支撑和方法借鉴，但研究普遍过度依赖英美主流经济理论，对文化交流与经济发展在理论上的关系把握不足，不能认识到“丝绸之路经济带”共建与英美主导海洋经济一体化的本质区别，不能区分彼此尊重文化交流促进合作共赢与贸易带动制度输出和文化征服的根本不同，不能认识到以文化交流推进“民心相通”是“丝绸之路经济带”共建的灵魂和动力，也当然不能以跨文化传播为入手点分析文化交流推进“丝绸之路经济带”合作发展的路径。“丝绸之路经济带”共建作为党和国家所制定的重大倡议，作为后金融危机时代世界经济合作发展的历史要求，探讨以文化交流助推“丝绸之路经济带”合作发展，特别是我国如何通过文化交流推进与“丝绸之路经济带”沿线国家合作发展，无论在理论上还是实践上都有着重要意义。

三、研究思路

针对以文化交流助推“丝绸之路经济带”合作发展这一研究目标，本书的研究思路：首先通过对“丝绸之路经济带”共建倡议提出的历史背景、提出过程和共建内涵、共建特质以及共建主要内容的分析发现“文化交流”在其中的根本作用；其次，在明确“丝绸之路经济带”文化交流根本作用的前提下对实现这一作用的跨文化传播形式进行理论和现实分析，在“丝绸之路经济带”跨文化路径选择模型构建基础上选择实现研究目标的可行路径，针对重要的具体路径进行专题分析，详细分析这些文化交流形式推进“丝绸之路经济带”合作发展的机理、成效、问题和解决办法；最后进行总结并提出政策建议。见图 0-1。

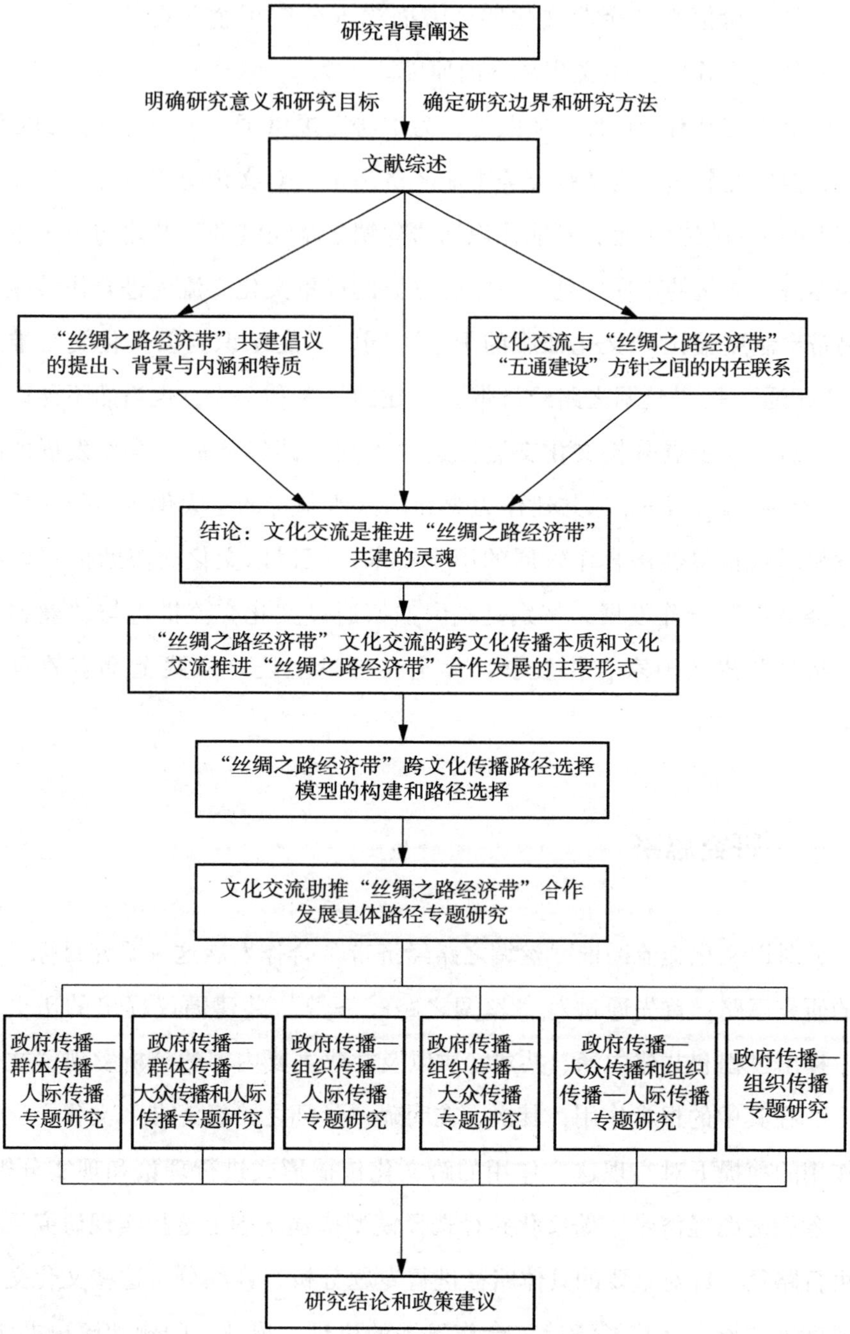
研究背景阐述
明确研究意义和研究目标
确定研究边界和研究方法
文献综述
“丝绸之路经济带”共建倡议的提出、背景与内涵和特质
文化交流与“丝绸之路经济带”“五通建设”方针之间的内在联系
结论：文化交流是推进“丝绸之路经济带”共建的灵魂
“丝绸之路经济带”文化交流的跨文化传播本质和文化交流推进“丝绸之路经济带”合作发展的主要形式
“丝绸之路经济带”跨文化传播路径选择模型的构建和路径选择
文化交流助推“丝绸之路经济带”合作发展具体路径专题研究
政府传播—群体传播—人际传播专题研究
政府传播—群体传播—大众传播和人际传播专题研究
政府传播—组织传播—人际传播专题研究
政府传播—组织传播—大众传播专题研究
政府传播—大众传播和组织传播—人际传播专题研究
政府传播—组织传播专题研究
研究结论和政策建议

图 0-1　本书研究思路

第一章

“丝绸之路经济带”共建的内涵和特质

一、“丝绸之路经济带”共建倡议的提出

（一）从古丝绸之路到新丝绸之路

古老的丝绸之路与其说是古代亚非欧互通有无的商贸大道，不如说是促进亚非欧各国与中国友好往来、沟通东西方思想的科技文化之路。一般认为，丝绸之路起始于我国西汉时代（公元前202年—公元8年），由张骞出使西域开辟。西汉时期，张骞于公元前139年从长安（今陕西西安）出发，联络大月氏人，共同夹击匈奴，首次开拓丝绸之路，被称为“凿空之旅”。东汉时期（公元25—220年），班超从洛阳出发，再次出使西域，他到达了西域，他的随从到达了罗马。这是东西方文明的第一次对话。也是在东汉，印度僧人沿着丝绸之路到达洛阳，将佛教传入中国，从另一个角度拓展了丝绸之路。

以长安为起点的丝绸之路，是古代横贯亚欧的通道，往西经中亚、西亚、小亚细亚一直延伸到西北欧和北非，往南则经新疆、中亚到达印度，往北经蒙古国、西伯利亚越过伏尔加河到达黑海之滨。由于陆地运输受道路所限的高成本，在通过这条漫漫长路进行贸易的货物中，以皮毛、玉石、珠宝、香料、丝绸和瓷器等奢侈品为主，因此也被称为“皮毛之路”“玉石之路”“珠宝之路”“香料之路”；又由于产自我国的丝绸运输最早且最具代表性，当德国地理学家费迪南·李希霍芬男爵在19世纪70年代将之命名为“丝绸之路”后，即被广泛接受。

丝绸之路，在世界科技、文化、经济和社会史上都具有重大意义，它是亚非欧大陆的交通动脉，也是黄河文明、印度河文明、爱琴海文明、两河流域文明、尼罗河文明、欧亚大草原文明和北欧文明等主要文化交汇的桥梁。西方的佛教、基督教、伊斯兰教等宗教思想沿丝绸之路传入中国，中国的汉文化也沿此传播到西方；中国的造纸术、雕版印刷术等伟大发明沿此传到西方，西方的天文历法、建筑工艺、制糖法、酿酒术等技艺也沿此传入中国。文化和技术的交流伴随着商贸往来共同推动了沿路各国的经济社会发展和生产力水平的大幅提升。出使西域的张骞、投笔从戎的班超、东来传法的鸠摩罗什、西天取经的玄奘，以及旅行家马可波罗都在这条路上留下了不可磨灭的印迹。丝绸之路繁盛于我国隋唐时期，代表了陆地文化交流的最高峰。隋唐年代（公元589—896年）古丝绸之路空前繁荣，胡商云集东都洛阳和西京长安，定居者数以万计。唐之后宋、元、明、清，丝绸之路一直是亚非欧各文明交流的重要途径，其起点随朝代更替和政治中心转移而发生变化，长安（今西安）、洛阳、平城（今大同）、汴梁（今开封）、大都（北京）曾先后为丝绸之路的起点。

在陆上丝绸之路发展和兴盛的同时，人类文明正逐步由陆地走向海洋，一种较陆上运输更为便利的海上运输正逐步兴起。海上丝绸之路首先作为陆上丝绸之路的延伸，推进着我国与东南亚和南亚地区的经济文化交往。12世纪，指南针在中国航海中得到广泛运用，造船技术随之快速提升，海上运输距离因此实现飞跃，海洋贸易开始快速发展。经中国海和印度洋到达波斯湾和红海的航路的开辟使得亚非欧海上交往的通道完全打开，海上丝绸之路真正形成。海洋商贸基于海洋地理特质而具有运输高承载力、低廉成本和高自然风险的特征，其运输产品种类、规模都与陆上丝绸之路完全不同，贸易开始取代文化成为跨地区交流的中心和动力。宋元时期，瓷器渐渐成为主要的出口货物，同时也运输糖、五金等大宗廉价货物，因此，人们也多把海上丝绸之路叫作“海上陶瓷之路”。1405年，郑和率领240多艘海船、27400名船员组成的庞大船队远航，到达过爪哇、苏门答腊、苏禄、彭亨、真腊、古里、暹罗、阿丹、天方、左法尔、忽鲁谟斯、木骨都束等30多个国家，最远曾达非洲东岸、红海和麦加。郑和下西洋促进了中国同东南亚、南亚、中东、东非的海上贸易发展和友好关系，也将海上丝绸之路推向了顶峰。自15世纪开始，伴随迪亚士、达伽马、哥伦布、麦哲伦等一大批海上勇士的海洋探险，地理大发现最终将人类历史彻底推向了海洋时代，工业革命的蒸汽机加速了波涛中巨轮的马达，代表陆地文明交流范式的古老的丝绸之路不再具备社会经济文化发展的意义，代表海洋的蓝色商业文明成为人类社会、经济和文化的主旋律，经济、社会和文化的发展从此与海洋发展画上了等号。

20世纪40年代以后，人类社会在经济和技术方面发生了天翻地覆的变化，接踵而至的电子技术革命、信息技术革命使得形成制造业垄断的机器设备不再稀缺，制造业生产逐步向发展中国家转移。随着石油价格高企和环境压力日趋严重，高运输成本和高排放压力使得制成品也逐步摆脱海洋输出，源自供给的制造业生产优势逐步让位给了来自需求的本地市场效应，技术产品、金融产品和文化产品在贸易中的比重越来越大；交通条件的改善和信息化使得人类进入了一个地球村的时代，人们惊奇地发现，海洋探险家不再拥有探险的去处，大宗商贸运输不再是跨地区交流的核心，一个以技术文化交流为中心的世界乡土化时代正在慢慢到来。这时古老的丝绸之路又重新被我们唤起。1971年，以俄罗斯东部海参崴为起点横穿西伯利亚，先后经过俄罗斯、哈萨克斯坦、白俄罗斯、波兰、德国、荷兰6个国家，最后到达荷兰鹿特丹港的第一亚欧大陆桥（西伯利亚大陆桥）率先开始运营。1990年9月，起自中国连云港终于荷兰鹿特丹，连通东亚、中亚、西亚、东欧和西欧40多个国家和地区的第二亚欧大陆桥（新亚欧大陆桥）正式接轨，并于1992年12月正式投入国际集装箱运输，由于所经路线很大一部分与古丝绸之路重合，人们又将新亚欧大陆桥称作“新丝绸之路”。

被历史重新唤起的新丝绸之路相似又不同于古丝绸之路。新丝绸之路在保留古丝绸之路陆地文明纽带的同时又赋予其新的时代含义，它并非简单标志着海洋文明向陆地文明重复性复归，它标志的是人类社会文明的螺旋式提升，是经历了生产力质的飞跃之后人类经济社会发展路径的否定之否定。

（二）“丝绸之路经济带”共建倡议的提出

20 世纪 90 年代和 21 世纪初，我国政府已开始密切关注“丝绸之路经济带”及其周边区域的经济发展。1990 年 9 月 15 日，乌鲁木齐西站至阿拉山口的列车开通，新亚欧大陆桥实现全面贯通，与古丝绸之路基本重合的现代交通格局基本形成。1992 年，我国国际路桥联运开始运营。1993 年，我国政府决定新亚欧大陆桥中国段全线开放。1994 年 10 月，中、俄与中亚五国铁道（运输）部长在北京召开会议，批准了“开发利用经友谊关—阿拉山口边境通道的国际铁路干线计划”。1996 年，我国政府在《中华人民共和国国民经济和社会发展“九五”计划和 2010 年远景目标纲要》中明确要求加快发展新亚欧大陆桥沿线经济带，“九五”计划期间，应把建设资金相对集中地投向中国的中西部地区。1999 年我国又提出了“要不失时机地实施西部大开发战略”，进一步把“丝绸之路经济带”的发展提升到更为重要的战略层次。2005 年“欧亚经济论坛”在古代丝绸之路的起点——西安成立，2007 年“欧亚经济论坛”提出要推进“丝绸之路经济带”的建设发展，并建议将此经济带的建设发展提到国家规划的日程上来。

2013 年 9 月，中国国家主席习近平在哈萨克斯坦纳扎尔巴耶夫大学发表演讲，呼吁以创新的合作模式共同建设“丝绸之路经济带”。习近平主席提出，“为了使欧亚各国经济联系更加紧密、相互合作更加深入、发展空间更加广阔，我们可以用创新的合作模式，共同建设‘丝绸之路经济带’，以点带面，从线到片，逐步形成区域大合作”①。该理念一经提出立

① 习近平．弘扬人民友谊 共创美好未来——在纳扎尔巴耶夫大学的演讲［N］．人民日报，2013-09-08（03）．

即受到沿线中亚各国的热烈回应，但也引起了美国、日本等国家和地区的担忧。

2013 年 10 月 15 日，国家主席习近平在人民大会堂会见哈萨克斯坦议会下院议长尼格马图林时指出：“我在访哈期间提出建设‘丝绸之路经济带’的倡议，得到哈方及有关各方的积极支持。丝绸之路是中、哈及沿线各国共同拥有的历史遗产，弥足珍贵。建设‘丝绸之路经济带’符合中哈的根本利益。希望双方抓住历史机遇，全面加强两国之间政治沟通、道路联通、贸易畅通、货币流通和民心相通这‘五通’，发挥中哈合作对丝绸之路途经地区区域合作的示范和带头作用，带动更多国家积极参与‘丝绸之路经济带’建设。”①

2013 年 11 月，党的十八届三中全会通过的《中共中央关于全面深化改革若干重大问题的决定》中更进一步明确提出“加快同周边国家和区域基础设施互联互通建设，推进‘丝绸之路经济带’和 21 世纪海上丝绸之路建设，形成全方位开放新格局”。

2014 年 5 月 19 日，习近平主席在上海会见蒙古国总统额勒贝格道尔吉时表示，中蒙经济互补性强，中方开展对蒙合作坚持互利双赢原则，不搞我赢你输、我多你少。中方愿本着矿产资源开发、基础设施建设、金融合作“三位一体、统筹推进”原则，以互联互通建设为优先方向，以建设“丝绸之路经济带”为契机，拓展两国合作，鼓励有实力的中国企业赴蒙投资兴业。

2014 年 8 月，习近平主席在蒙古国访问时再次提出与蒙古国共同推动“丝绸之路经济带”建设，习近平主席表示，中方愿同蒙方加强在“丝绸之路经济带”倡议下合作，对蒙方提出的“草原之路”倡议持积极和开放态度。双方可以在亚洲基础设施投资银行等新的平台上加强合作，共同发展，共同受益。

---

① 习近平会见哈萨克斯坦议会下院议长尼格马图林［EB/OL］. 新华网，(2013-10-15) http：//news. xinhuanet. com/world/2013-10/15/c_ 117730716. htm.

2015年2月，推进“一带一路”建设工作会议在北京召开。时任中央政治局常委、国务院副总理张高丽指出①，推进“一带一路”建设是党中央、国务院统筹国内、国际两个大局做出的重大决策，对开创我国全方位对外开放新格局、促进地区及世界和平发展具有重大意义。习近平主席提出“一带一路”倡议构想并要求高举和平、发展、合作、共赢旗帜，秉持“亲诚惠容”的外交理念，以政策沟通、设施联通、贸易畅通、资金融通、民心相通②为主要内容，积极推进“一带一路”建设，与沿线各国共同打造政治互信、经济融合、文化包容的利益共同体、责任共同体和命运共同体，造福沿线国家和人民，促进人类文明进步事业。张高丽强调，“一带一路”建设是一项宏大的系统性工程，要突出重点、远近结合，有力、有序、有效推进，确保“一带一路”建设工作开好局、起好步。要坚持共商、共建、共享原则，积极与沿线国家的发展战略相互对接。要把握重点方向，陆上依托国际大通道，以重点经贸产业园区为合作平台，共同打造若干国际经济合作走廊；海上依托重点港口城市，共同打造通畅安全高效的运输大通道。要强化规划引领，把长期目标任务和近期工作结合起来，加强对工作的具体指导。要抓好重点项目，以基础设施互联互通为突破口，发挥对推进“一带一路”建设的基础性作用和示范效应。要畅通投资贸易，着力推进投资和贸易便利化，营造区域内良好的营商环境，抓好境外合作园区建设，推动形成区域经济合作共赢发展新格局。要拓宽金融合作，加快构建强有力的投融资渠道支撑，强化“一带一路”建设的资金保障。要促进人文交流，传承和弘扬古丝绸之路友好合作精神，夯实“一带一路”建设的民意和社会基础。要保护生态环境，遵守法律法规，履行社

① 张高丽在推进“一带一路”建设工作会议上强调努力实现“一带一路”建设良好开局，推动中国和沿线国家互利共赢共同发展［EB/OL］. 人民网，（2015-02-02）http：//military. people. com. cn/BIG5/n/2015/0202/c172467-26488174. html.

② “五通建设”在“丝绸之路经济带”共建倡议和“一带一路”共建倡议中表述略有不同，在前者中为“道路联通”和“货币流通”，在后者中为“设施联通”和“资金融通”，其他三个内容一致。

会责任，共同建设绿色、和谐、共赢的“一带一路”。要加强沟通磋商，充分发挥多边、双边，区域、次区域合作机制和平台的作用，扩大利益契合点，谋求共同发展、共同繁荣，携手推进“一带一路”建设。

2015年3月，我国政府特制定并发布《推动共建“丝绸之路经济带”和21世纪海上丝绸之路的愿景与行动》，推进实施“一带一路”建设。文中指出，共建“一带一路”致力于亚欧非大陆及附近海洋的互联互通，建立和加强沿线各国互联互通伙伴关系，构建全方位、多层次、复合型的互联互通网络，实现沿线各国多元、自主、平衡、可持续发展。“一带一路”的互联互通项目将推动沿线各国发展战略的对接与耦合，发掘区域内市场的潜力，促进投资和消费，创造需求和就业，增进沿线各国人民的人文交流与文明互鉴，让各国人民相逢相知、互信互敬，共享和谐、安宁、富裕的生活。共建“一带一路”是中国的倡议，也是中国与沿线国家的共同愿望。站在新的起点上，中国愿与沿线国家一道，以共建“一带一路”为契机，平等协商，兼顾各方利益，反映各方诉求，携手推动更大范围、更高水平、更深层次的大开放、大交流、大融合。“一带一路”共建是开放的、包容的，欢迎世界各国和国际、地区组织积极参与。共建“一带一路”的途径是以目标协调、政策沟通为主，不刻意追求一致性，可高度灵活，富有弹性，是多元开放的合作进程。中国愿与沿线国家一道，不断充实完善“一带一路”的合作内容和方式，共同制定时间表、路线图，积极对接沿线国家发展和区域合作规划。中国愿与沿线国家一道，在既有双（多）边和区域、次区域合作机制框架下，通过合作研究、论坛展会、人员培训、交流访问等多种形式，促进沿线国家对共建“一带一路”内涵、目标、任务等方面的进一步理解和认同。中国愿与沿线国家一道，稳步推进示范项目建设，共同确定一批能够照顾双（多）边利益的项目，对各方认可、条件成熟的项目抓紧启动实施，争取早日开花结果。“一带一路”是一条互尊互信之路、一条合作共赢之路、一条文明互鉴之路。只要沿线各国和衷共济、相向而行，就一定能够谱写建设“丝绸之路经济带”和“21世纪海上丝绸之路”的新篇章，让沿线各国人民共享“一带一路”共建成果。

在2015年3月博鳌亚洲论坛开幕式上，习近平主席发表主旨演讲。他表示，“一带一路”建设不是要替代现有地区合作机制和倡议，而是要在已有基础上，推动沿线各国实现经济战略相互对接、优势互补。习近平主席讲道：“2013年我访问哈萨克斯坦和印度尼西亚时，分别提出建设‘丝绸之路经济带’和‘21世纪海上丝绸之路’合作倡议。‘一带一路’合作倡议契合中国、沿线国家和本地区发展需要，符合有关各方的共同利益，顺应了地区和全球合作潮流。‘一带一路’建设秉持的是共商、共建、共享原则，不是封闭的，而是开放包容的；不是中国一家的独奏，而是沿线国家的合唱。”“‘一带一路’倡议、亚洲基础设施投资银行都是开放的，我们欢迎沿线国家和亚洲国家积极参与，也张开臂膀欢迎五大洲朋友共襄盛举。‘一带一路’建设不是空洞的口号，而是看得见、摸得着的实际举措，将给地区国家带来实实在在的利益。在有关各方的共同努力下，‘一带一路’共建的愿景与行动文件已经制定，亚洲基础设施投资银行筹建工作迈出实质性步伐，丝路基金已经顺利启动，一批基础设施互联互通项目已经在稳步推进。这些早期收获向我们展现了‘一带一路’的广阔前景。”①

2015年12月，旨在推进以“一带一路”为中心区域合作发展的亚洲基础设施投资银行（以下简称亚投行）正式成立，“丝绸之路经济带”建设迈向了一个新的发展阶段。亚投行是一个政府间性质的亚洲区域多边开发机构，重点支持“一带一路”及其周边基础设施建设，总部设在北京。亚投行法定资本1000亿美元。2013年10月2日，习近平主席提出筹建倡议，2014年10月24日，包括中国、印度、新加坡等在内的21个首批意向创始成员国的财长和授权代表在北京签约，共同决定成立亚投行。2015年3月12日，英国正式申请加入亚投行，成为首个申请加入亚投行

① 习近平．迈向命运共同体　开创亚洲新未来——在博鳌亚洲论坛2015年年会上的主旨演件［EB/OL］．中国政府网，（2015-03-29）．http：//www.gov.cn/xinwen/2015-03/24/content_2839796.htm.

的主要西方国家。2015 年 4 月 15 日，法国、德国、意大利、韩国、俄罗斯、澳大利亚、挪威、南非、波兰等国先后已同意加入亚投行，至此已有 57 个国家正式成为亚投行意向创始成员国，涵盖了除美国之外的主要西方国家以及除日本之外的主要东方国家。2016 年 1 月 16 日至 18 日，亚投行开业仪式暨理事会和董事会成立大会在北京举行。亚投行的成立不仅将有力夯实“一带一路”经济增长的硬件基础，还将大幅提高亚洲资本的利用效率及其对“一带一路”和周边区域经济发展的贡献水平。

2016 年 3 月，《中华人民共和国国民经济和社会发展第十三个五年规划纲要》（以下简称《纲要》）在“两会”上发布，《纲要》以一章的篇幅，着力强调了推进“一带一路”共建，包括三节，分别是健全“一带一路”合作机制、畅通“一带一路”经济走廊、共创开放包容的人文交流新局面。《纲要》指出了“一带一路”建设的总方针，即“秉持亲诚惠容，坚持共商共建共享原则，开展与有关国家和地区多领域互利共赢的务实合作，打造陆海内外联动、东西双向开放的全面开放新格局”。

（三）“丝绸之路经济带”共建倡议提出的重要意义

“丝绸之路经济带”共建倡议是党和国家在后金融危机时代对世界政治经济多极化趋势所做出的重大战略判断，是党和国家站在人类历史进程高度上对我国未来经济发展方向和世界经济合作模式所进行的重大战略设想，是当前我国经济摆脱对英美体系依赖、应对全球危机和实现经济多元转型的重大战略选择，它既会对实现我国经济长期稳定的可持续发展产生深远影响，也符合“丝绸之路经济带”沿线国家利益，将会对世界经济长期稳定发展做出巨大贡献。

第一，“丝绸之路经济带”共建是党和国家对世界政治经济社会多极化趋势的重大战略判断，是以文化技术交流替代海上大宗商品贸易成为世界发展核心的内在要求。伴随全球变暖所带来的环境压力日趋严重和普通商品生产技术迅速扩散，源自供给的制造业的“禀赋效应”逐步让位给了来自需求的"本地市场效应"，技术产品、金融产品和文化产品在贸易中所占的比重越来越大，特别是高速公路、高速铁路以及互联网所带来的交通革命和信息革命，地球村时代日益临近，内陆经济摆脱受缚于海洋运输获得了跨越式发展的契机，以"荷兰—英国—美国"为引领和中心的海洋文化输出和消灭其他文化的时代正在走向衰落，古丝绸之路的文明互动方式重新焕发了生机。2008 年全球金融危机既是这一进程的结果，也加速了这一进程。"丝绸之路经济带"共建倡议符合世界历史趋势，既符合我国利益，也符合沿线国家和地区利益，是共赢的发展模式。

第二，"丝绸之路经济带"共建是我国经济内陆转型和内需转型的重要组成，是我国经济应对全球经济危机和分散英美主导的海洋经济系统风险的重要举措。2000 年，西部大开发吹响了我国经济内陆转型和内需转型的号角，历经十余年全国上下的不懈努力，西部大开发取得了伟大成就。2008 年的全球经济危机完全验证了西部大开发战略的历史正确性，也彻底坚定了我国经济内陆转型和内需转型的部署，"丝绸之路经济带"共建正是这一转型的重要组成部分。西北五省（区）作为古丝绸之路中国段的主体，是中国与中亚国家开展经贸合作的桥头堡，同时也是"丝绸之路经济带"中国段建设的重点区域。1999 年西部大开发战略实施以来，国家不断加大对西北地区的扶持和投入力度，西北基础设施建设和经济社会发展水平有了明显进步。2000 年至 2012 年，西北五省（区）的年均经济增长速度均高于全国平均水平。与此同时，西北地区整体发展水平与东部发达地区仍存在较大差距，尤其是受偏居内陆海上运输不便等因素的影响，西北各省区经济外向化程度长期处于较低水平，这不仅阻碍了区域经济协调发展，而且对中国整体经济增长产生了消极影响。中国与亚欧国家共建"丝绸之路经济带"，可以形成"横贯东中西"的对外经济走廊，有助于全面提升我国西北地区的对外开放和经济发展水平。随着对外开放的内陆转型、本地市场效应不断提升和生产技术扩散，今后西北地区可以向中亚及其周边国家扩大开放，在更大的空间范围内促进生产力三要素自由流动和优化配置，助推西北地区成为中国新的经济增长极。

第三，“丝绸之路经济带”共建是习近平主席提出中国周边外交“亲诚惠容”理念的重要体现，是促进陆上国家间渐进式交融性文化交流的重要措施。海洋商贸之路由于海洋阻隔和地理跨度大，文明的交流多采用冲突式的文明碰撞，将自身价值观强加于人是英美海洋文明的特质，战争成为早期海洋国家向外扩张的必由之路。时至今日，海洋大国仍倾向采用军事手段来解决意识形态的冲突，中东地区战争最为典型。古丝绸之路的文明交流方式不同，绵延万里的古丝绸之路是在陆上的一个渐进过程，渐进式的文明融合是其根本特点，小范围的冲突在这里并不能解决长途的跨区贸易，文明需要一种相互和谐的包容才能使丝绸之路得以畅通。习近平主席提出的中国周边外交“亲诚惠容”理念正是对这种交融性文明交流的准确把握：“亲”就是我们与周边国家很亲近，感情好；“诚”就是对周边国家真心实在；“惠”就是利益的相互给予；“容”就是我们能容纳周边国家的不同和差异，求同存异。“亲诚惠容”的外交理念，既无当“领导者”的霸权野心，也无遏制他国的特别目的，更无消除异己、推行普世观念的动机，而是将周边国家当作邻居，以诚相待，相互包容，相互受益，共同发展。

第四，“丝绸之路经济带”共建是上海合作组织合作的有效成果。1997 年，日本桥本龙太郎内阁开始重视与中亚及其周边国家的交往，把中亚及南高加索八国称为“丝绸之路地区”，提出了“丝绸之路外交战略”。日本实施“丝绸之路外交战略”，一方面是为了加强日本与中亚国家的经济合作，提升中亚各国的经济发展速度和国际化水平；另一方面是为了增强日本在这一地区的政治影响力和经济影响力，开发该区域丰富的油气资源，保障日本的能源供应安全。2002 年，俄罗斯、印度和伊朗三国共同发起了“北南走廊计划”，提出修建从印度经伊朗、高加索、俄罗斯直达欧洲的国际运输通道。该运输通道包括铁路、公路、海运等多种形式，可以降低沿途国家尤其是印度通往欧洲的货运成本，提高相关各国商品的国际竞争力，但由于相关国家的分歧和资金短缺问题，“北南走廊计划”中的铁路和公路项目进展缓慢。欧盟于2009年提出了“新丝绸之路计划”，即通过修建“纳布卡天然气管线”这一能源运输南部走廊，加强与中亚及周边国家在能源、商贸、人员、信息等方面的联系。2011年7月，时任美国国务卿希拉里提出了“新丝绸之路战略”，力图在美国主导下，依托阿富汗连接中亚和南亚的区位优势，形成以阿富汗为中心的“中亚—阿富汗—南亚”交通运输与经济合作网络，促进这一区域的能源南下和商品北上。此后，美国将中亚、南亚政策统一命名为“新丝绸之路战略”，并积极向其盟友推介这一战略。为应对各种政治势力的影响，2001年6月，中国、俄罗斯、哈萨克斯坦、乌兹别克斯坦、吉尔吉斯斯坦、塔吉克斯坦在“上海五国”机制的基础上成立了上海合作组织，致力于加强成员国之间军事、政治、经济、文化的全方位合作。在此之后，印度、伊朗、巴基斯坦、阿富汗、蒙古国五国成为上海合作组织的观察员国，土耳其、斯里兰卡和白俄罗斯三国成为对话伙伴国。“丝绸之路经济带”共建倡议的提出就是上海合作组织致力于合作发展的最有效成果。

同时，作为“丝绸之路经济带”核心区和经济凹陷区域的重要组成部分，中亚地区具有广阔的经济发展潜力，可以与我国经济形成良性互补。从自然资源禀赋来看，中亚地区矿产资源丰富，尤其是石油、天然气、贵金属和有色金属储量较大，可以在很大程度上解决我国对个别国家资源过度依赖的问题；从投资角度来看，中亚地区的自然资源和产业基础对外资的吸引力日益增强，2009年至2012年引进的外资额较2000年至2005年增长逾5倍，可以对我国当前资金过热形成有效的化解出口；从市场空间来看，中亚地区市场需求增长迅速，与我国贸易往来持续高速提升，对化解我国当前的产能过剩有很大帮助。

二、“丝绸之路经济带”共建倡议的本质

2008年金融危机席卷全球并在其后不断发酵，阴霾至今挥之不去。南

欧主权危机、欧元区动荡、英国脱欧等事件不断冲击着世界经济政治体系，历经500余年由荷兰—英国—美国所引领的风光无限的海洋商贸文明正在慢慢走向衰落，曾引导我国30年高速经济增长的海洋经济发展模式（外需拉动模式）也已无法支撑起我国乃至整个世界经济的长期可持续发展。对于世界而言，政治经济多极化转型是大势所趋，对于我国而言，经济内陆转型和内需转型的战略调整也势在必行。在这样的历史背景下，我国政府发出了与沿线各国共建“丝绸之路经济带”这一划时代倡议，既体现了我国党和政府在后金融危机时代对世界发展多极化趋势所做出的重大战略判断，体现了我国经济摆脱对英美体系依赖、应对全球危机和实现经济多元转型的重大战略选择，也符合沿线各国切身的发展利益和发展要求。倡议一经提出立即得到了沿线众多国家的响应。2020年新冠肺炎疫情之下，这一倡议的智慧更加显现。

“丝绸之路经济带”倡议的本质是实现迥异于英美海洋经济一体化的陆地型经济合作发展模式。陆上国家间的山水相连与海上国家间的大洋阻隔是两种国际经济合作模式差异在自然环境上的根本原因，而自然环境的这一差异又造就了两种经济合作路径上的根本不同。

首先，运输方式不同。陆上国家和地区间有着山川阻隔，交通运输需要逢山修路、遇水架桥，商贸往来的前提是要首先付出昂贵的交通基础设施建设成本，并且即使这种交通基础设施建成，它的运输承载力依然十分有限。与借助海洋的水运相比，陆上运输不仅成本高昂而且十分困难，对大宗商品运输尤为明显。海洋运输不需要类似陆路运输公路、铁路的前期建设，依靠自然赋予的大海，海上运输天然地具有低成本、高承载力的特点，特别适于廉价大宗商品的运输，尤其是当能源价格相对低廉的时候，借助化石能源，生产比较优势具有强大的扩张效应，能够推动海洋商贸不断发展壮大。同时，海洋运输也受大海的自然约束，运输速度缓慢、运输风险大和运输路程长（海上航线距离一般都会远大于陆路运输距离）都是其缺点，但这对于运输时效性要求不强、较能承担风险的廉价大宗商品而言无关紧要。陆上运输需要前期高额基建成本，道路联通是先决条件，道路一旦建成就相对快捷且运输风险较小，非常有利于近途运输或价值较高商品的运输。20世纪50年代以来高速公路和高速铁路的建设技术出现了飞速发展，随之而来的交通运输革命带来的不仅是陆地运输运力的大幅提升和运输成本的大幅下降，更使得世界生产结构和贸易结构脱离以供给为中心、以海洋为中心和以大宗贸易为中心的模式成为可能。

其次，经济合作的动力机制不同。陆上国家间的山水相邻有弊端也有优势，这就是在信息沟通上没有大洋阻隔，地域文化间表现为可以相互理解的渐进交融，这与海洋阻隔的国家和地区间信息沟通受阻、在港口两端爆发直接的文明冲突大大不同。海洋商贸之路的经济发展与大规模的工业品生产和社会信用制度输出连在一起，生产优势就是发展优势，贸易和在此基础上的金融规则就是输出国的强权规则，依靠工业革命第一个走向现代化的国家——英国就是当时的世界工厂、金融中心和政治上的霸权者，而依靠坚船利炮打开的一个个殖民地就是其产品的输出地、原材料索取地和传统社会信用体系（文化）的被消灭对象。在海洋发展之路上承接领先经济体产业的雁型转移（赤松要，1935）、迅速接受其制度文化就是后起国家的发展路径，从英国到美国、澳大利亚，再到日本，再到“亚洲四小龙”，均是如此。但今天海上文明所赖以为继的扩张征服没有了空间，制成品技术扩散使得大宗商品生产的优势正在逐步让位于包括广大发展中国家在内的本地市场，贸易扩张赖以支撑的化石能源出现了严重“瓶颈”，以石油为代表的能源价格高企和温室气体效应制约着依靠生产优势赢得经济领先地位国家和企业的竞争力。陆地型的经济合作模式与之不同，在工业生产技术不再具有垄断性、运输成本日益提高的今天，基于需求的“本地市场效应”比基于供给的“禀赋效应”更符合市场规律；在聚集效应之下，区域经济中心会逐步取代世界工厂，普通工业品通过区域中心对外辐射，长途贸易转化为短途贸易，技术、金融和文化等无形贸易和社会文化交流也将会成为跨区交流的主要内容，世界经济多极化格局正在形成，以文化和制度上相互尊重谋求合作共赢的国际经济合作新范式正在世界范围内慢慢形成。这种合作范式的动力源不再是主导经济体强烈的大宗商品和制度输出欲望，而是转变为平等国家间基于文化交流而发现的合作共赢机遇，它以信息沟通和文化交流为前提，因此曾经繁荣在山水相连的古丝绸之路上的地区间经济社会合作模式随着社会生产力的快速发展，特别是互联网所带来的信息技术革命，获得了新的生机。“丝绸之路经济带”共建倡议的提出原因正在于此。

不难看出，尽管“丝绸之路经济带”共建倡议旨在复兴古丝绸之路繁荣的动因，但它的范围已不再仅限于陆地临近的国家和地区之间，伴随着20世纪后半叶以来的发展中国家民族独立、交通运输革命、互联网革命、大宗商品生产技术扩散和海洋探险空间压缩，社会生产力和历史发展阶段都赋予了“丝绸之路经济带”共建倡议新的时代含义，初始于陆地国家和地区之间的文明合作模式已经慢慢可以成为世界经济合作的普遍范式，“以文化交流促进合作共赢”的国家和地区间相互尊重的合作模式相较于过去英美国家“产品输出、制度输出、单向征服”的经济交往形式在今天更具发展动力，也更符合当今时代的历史要求，在未来更能促进国家和地区间的经济合作和社会发展。这种陆地国家和地区间的经济文化合作模式曾经带来了古丝绸之路的繁荣，在未来也一定会带来“丝绸之路经济带”沿线国家和地区的共同发展。

三、“五通建设”方针的提出与“丝绸之路经济带”合作发展的具体内涵

（一）“丝绸之路经济带”“五通建设”方针的提出

针对“丝绸之路经济带”共建目标的实施路径，习近平主席进一步提出了“政策沟通、道路联通、贸易畅通、货币流通和民心相通”的“五通建设”方针，即“第一，加强政策沟通。各国就经济发展战略进行交流，

协商制定区域合作规划和措施。第二，加强道路联通。打通从太平洋到波罗的海的运输大通道，逐步形成连接东亚、西亚、南亚的交通运输网络。第三，加强贸易畅通。各方应该就推动贸易和投资便利化问题进行探讨并做出适当安排。第四，加强货币流通。推动实现本币兑换和结算，增强抵御金融风险能力，提高本地区经济国际竞争力。第五，加强民心相通。加强人民友好往来，增进相互了解和传统友谊”。

“五通建设”方针涵盖了“丝绸之路经济带”共建的主要方面，其中“民心相通”是灵魂和动力，“道路联通”是物质基础，“贸易畅通”是生产力三要素高效配置的条件，“货币流通”的主要作用在于抑制英美海洋经济一体化金融输出所带来的社会信用体系破坏、实现经济带市场信用的内生化，“政策沟通”是群体化合作的前提，是其他“四通”建设有效开展的条件。“丝绸之路经济带”“五通建设”旨在推进经济带沿线各国的合作交流，在尊重差异的前提下有效发挥各国和各地区的比较优势和本地市场，最终实现互利共赢，可以完全涵盖于“丝绸之路经济带”合作发展目标之下。这种经济合作发展模式在新的历史时代复兴了古丝绸之路繁盛的动因，它发源于历史上的陆地型经济社会合作，与英美主导海洋式经济一体化有着根本的不同。陆上国家和地区间的山水相连与海上国家和地区间的大洋阻隔是这种差异在自然环境上的根本原因，而自然环境的这一差异又造就了两种经济合作模式在经常项目和资本项目上的根本不同。

（二）道路联通、贸易畅通和“丝绸之路经济带”的经常项目经济合作

“五通建设”方针基于马克思主义历史唯物论社会生产力和社会生产关系两个维度提出，在市场经济生产方式下，马克思将两个维度分别精练地概括为“劳动力转化为商品”和“货币转化为资本”，其中前者以生产力三要素配置技术关系为中心，在国际经济研究和实务中通常表述为社会再生产经常项目，后者以社会生产关系为中心，在国际经济中通常表述为

社会再生产资本项目。所谓经常项目经济合作，是指社会物质实体（具体来说就是生产力三要素）在一定区域内的自由流动，更充分地接受市场配置，从而提升生产力三要素的使用效率。自由流动的前提是运输，主要是货物运输，自由流动形式是贸易往来，更多的是实物贸易，自由流动的目的或结果是推动整个地区经济发展。生产力三要素，即新古典经济学所表述的生产要素，属于社会再生产的技术关系和物质层面。生产力三要素的合理市场配置首先有赖于便捷的运输条件，没有运输一切市场流通配置都不具备可能性，“要想富，先修路”的民谚就表达了这种思维。

以英美为主导的海洋经济一体化正是得益于海洋这一天然的运输路径而得以发展，近代市场经济体制从荷兰开始，阿姆斯特丹、鹿特丹、海牙等大名鼎鼎的贸易中心其实都是莱茵河和周边运河的入海口，莱茵河极佳的航运能力造就了荷兰作为现代市场经济的故乡。紧随其后的英国虽在历史上孤悬海外，但地理大发现让它一跃成为美洲与欧亚大陆之间海上往来的枢纽，更是充分享受了海洋带来的便利，价格低廉的工业品因为海洋更加低廉的运输成本才能远销世界，才能让原本不为欧洲贵族所重视的英国打败西班牙无敌舰队成为最终的“日不落帝国”。时至今日，世界货物贸易仍然整体借助海洋。

陆地的经济合作没有海洋，特别是“丝绸之路经济带”越向内陆发展越远离海洋，甚至没有能够通航或者能够承载较大吨位船舶的内河河道，陆地运输必须首先有路，没有发达的道路交通体系，市场资源配置就根本不可能实现。“道路联通”的重要性正在于此，它所凸显的正是经常项目经济合作的实体基础，只有实实在在地固定资产投资，只有实实在在地修路，道路才能有，“道路联通”才能出现，否则经济合作就只能是空谈，任何制度上的调整都无法替代修路这一具体的社会生产行为。古丝绸之路的衰落正源于内陆地区道路建设的高成本和低运力，随着近代高速公路和铁路建设技术革命的发生，内陆地区运输能力已经发生了质的飞跃，这种飞跃为“丝绸之路经济带”共建提供了根本的技术保障。当然，这并不足以抵消陆上运输单位距离成本仍然远高于海洋运输的事实，但正如前文所述，当今时代货物运输只是经济发展的条件而非核心，随着经济发展由卖方市场转向买方市场，本地市场效应和信息技术革命使得中短途贸易和非货物经贸正逐渐替代大宗商品成为世界经济发展的主导。

如果说“道路联通”是“丝绸之路经济带”经常项目经济合作的硬条件，那“贸易畅通”就是“丝绸之路经济带”经常项目经济合作的软条件。有了“道路联通”，贸易和市场交换就有了物质基础，但有道路贸易未必能够达成，贸易规则的差异和贸易保护主义等软性条件仍会约束经常项目经济合作的实现。贸易规则和自由贸易制度是海洋经济一体化最为注重的内容，英、美等国所倡导的国际经济制度从《关贸总协定》到世界贸易组织（WTO）无不是以国际贸易规则为根本基础，这其中最核心的当然是国际海洋贸易规则，离岸价（FOB）和到岸价（CIF）等成为今天国际贸易实务的基本词汇。海洋为物质运输提供了便利，也给信息交流设置了屏障，港口两端对照鲜明的不同文化成为海洋贸易必须克服的困难。为克服这种困难，英美主导的海洋经济一体化贸易规则最大特点就是标准化统一和执行强制化，英美等国以经济威胁乃至武力威胁强制性地要求世界各国和地区接受英国、荷兰等西北欧居民文化习惯和交易习惯，贸易霸权行为在英美主导海洋经济一体化的国际规则制定中屡见不鲜。

与海洋经济一体化基于海洋地理特质和文化特征所强调的统一标准化规则要求不同，陆地贸易因山水相连和文化渐进可以包含双边性、多样性、灵活性规则，在谈判成本可控和服务于双方这一根本目的下更容易达成一致。古丝绸之路繁盛的原因正在于此，“丝绸之路经济带”共建也需以此为基础，互联网革命所带来的快速便捷信息以及需求取代供给成为今天全世界社会生产的主导范式更让这种国家地区间和文明间合作获取了广泛的空间。“五通建设”中“贸易畅通”的意义正在于此，它所凸显的正是经常项目经济合作的软性环境，是在陆地渐进式融合特质下，互利共赢、灵活多变贸易协商机制下实现生产力三要素市场资源最优配置的关键。

（三）民心相通、货币流通和"丝绸之路经济带"资本项目经济合作

所谓资本项目经济合作，是指以市场信用为中心的差异化社会信用体系在区域内各个组成部分的相互认可。所谓"社会信用"，是指社会中人与人之间的信任关系，它是一切社会再生产组织形式的基础，任何历史阶段、任何社会制度下的社会再生产都依赖人与人之间的信任。文化是社会信用体系的基石，教育的基本功能就是塑造个人遵循社会信用基本规则。尽管信任的原因多种多样，可能来自暴力威胁，也可能来自财产或信誉抵押，但没有信任任何社会生产都无法形成。在市场经济体制下，生产力三要素正是由于对出资人"预付资本"的信任而愿意按"它"的组织进行生产。不同地区由于历史、环境和经济发展水平等原因会形成在文化、习俗、制度和法律等方方面面社会信用体系的天然差异，资本项目一体化即通过政策安排消除这种天然差异对社会再生产组织的障碍，实现不同地区对差异社会信用体系的相互认知。

"丝绸之路经济带"资本项目经济合作与海洋经济一体化完全不同。海洋提供了便捷的交通运输条件，大海阻隔也使得港口两端面临信息交流的天然障碍，交易成本的低廉和委托代理成本的高昂造就了海洋扩张多采用子邦与母邦分离的行政制度而非陆地扩张的设立行省郡县。文明的渐进式融合往往因为跨海而被阻断，海洋经济交往中的文化争端也因此多表现为直接文化碰撞和文化暴力征服。海洋经济一体化所需的统一社会信用体系主要通过文化征服的形式实现：一体化主导国家通过把自身文化习惯和法律制度外化为整个区域的文化习惯和法律制度，从而最终在一体化整个地区建立共同的社会信用体系。海洋经济的资本项目一体化以消灭差异化文化和制度为实现路径，一体化主导国家迅速成为整个一体化地区的文化中心和制度中心，其主要经济功能是向外输出文化和制度，从古代雅典城作为提洛同盟的中心负责同盟所有城邦的制度建立和案件审理，到今天美国作为金融中心"帮助"一体化各国建立"现代化"经济和金融制度皆是

如此。所谓"现代化"，就是消除一切在共同社会信用体系中与一体化中心不一致的制度和文化，即推行它们所谓的"普世价值"。在一体化过程中不断强化其在生产关系中的领导地位，依靠生产关系主导权（最典型的例子就是美国所拥有的世界货币发行权）无偿占有世界各国社会剩余产品和社会资源，这正是海洋经济一体化的本质。列宁也因此将这种基于金融的垄断称为帝国主义。

与海洋经济一体化迥异的陆地型经济合作虽然无法享受到海洋的交通便利，但也不需要承担海洋所带来的信息阻隔。陆上国家山水相连，自然地理难以形成信息传递的有效阻隔，这也决定了陆地型经济合作的共同社会信用体系不能采用碰撞的形式，不能采用征服的形式，不能依靠一体化主导者的文化制度统一其他文化制度的形式，渐进式文明交融是陆地交往的自然属性，是陆地型经济合作的必然属性。交通运输革命和互联网革命使得原本限于大陆范围的陆地型经济合作获得了更广泛的适用空间和适用范围，"丝绸之路经济带"共建也必然远超过古丝绸之路文化交流的内容和范围。"民心相通"是"丝绸之路经济带"资本项目经济合作的首要条件。相互的尊重、人民的交流和相互认同、和谐包容的发展，既是古老丝绸之路得以兴盛的原因，也是中华民族一直秉承的传统，更是今天"丝绸之路经济带"发展的必然路径。新中国成立之初，周恩来总理就以这种和谐包容发展的理念为基础提出了"互相尊重主权和领土完整、互不侵犯、互不干涉内政、平等互利、和平共处"这一著名的"和平共处五项原则"。2015 年，习近平主席在中国人民抗日战争暨世界反法西斯战争胜利 70 周年纪念大会讲话中指出："中华民族历来爱好和平。无论发展到哪一步，中国都永远不称霸、永远不搞扩张，永远不会把自身曾经经历过的悲惨遭遇强加给其他民族。中国人民将坚持同世界各国人民友好相处，坚决捍卫中国人民抗日战争和世界反法西斯战争胜利成果，努力为人类作出新的更大的贡献。”①

“民心相通”为市场经济体制下组织社会再生产的社会信用——市场信用形成创造了条件。从社会互信到市场信用的转化就是“货币流通”。在现代经济社会，所谓货币，是指通过金融体系对社会信用基础的市场信用评价机制，主要包括银行体系的抵押物市场信用评价和证券交易体系的市场主体运行市场信用评价。当金融体系对所有稳定可靠的社会互信理由在抵押物或运行能力评价中都能予以充分认可时，“货币流通”就得以实现。英美海洋文明由于缺乏“民心相通”，它的“货币流通”就是金融殖民，通过输出它们的金融体系侵蚀并最终消灭输入国的社会文化和传统制度，走金融帝国主义之路，广大发展中国家为了融入全球经济合作发展往往不得不接受这一现实。“丝绸之路经济带”的“货币流通”提出了完全不同的道路，它强调通过文化上的相互理解彼此接受对方固有的社会文化和社会制度，在双方交往中将对方的文化习惯纳入自身的金融评价体系，建立灵活的双边金融制度（如不再依赖强权货币而进行双边货币兑换和结算）。“丝绸之路经济带”的“货币流通”认为没有“民心相通”就不能理解差异化文明或制度的社会互信，没有“民心相通”就会变成一种强势主观社会信任体系对另一种弱势社会互信体系的征服或消灭，没有“民心相通”陆地型经济合作就不能实现有效的“货币流通”，没有“民心相通”“丝绸之路经济带”资本项目经济合作就难以实现。“货币流通”是“丝绸之路经济带”资本项目经济合作的最终实现形式，是不同国家和地区社会信用体系相互认可效果的最终考量，是市场经济社会再生产生产关系维度最终发挥作用的直接表现。有效的“货币流通”能够化解表现为资本匮乏的社会互信体系不健全而导致的生产力三要素闲置，使得基于市场信用的社会生产关系不再匮乏，从而全面推进“丝绸之路经济带”社会再生产的高效运行。

---

① 习近平在纪念中国人民抗日战争暨世界反法西斯战争胜利70周年招待会上的讲话［EB/OL］. 中国政府网，(2015-09-03). http：//www. gov. cn/xinwen/2015-09/03/content_ 2924716. htm.

（四）政策沟通和“丝绸之路经济带”经济合作

与海洋经济一体化消灭差异文化转而强调社会个体普遍文化价值和社会规则不同，陆地型经济合作承认不同社会群体差异文化的存在，接受人的群体属性，也因此更强调国家作为社会群体代表在差异文化沟通中的关键作用。对于“丝绸之路经济带”共建而言，无论经常项目经济合作还是资本项目经济合作都必须借助“政策沟通”。“政策沟通”是“丝绸之路经济带”经济合作一切形式的必由道路，它较之海洋经济一体化“外围”国家对“中心”国家所定制度的被迫强制遵守显然更为关键。海洋经济一体化主要通过领先经济体输出标准要求其他经济体遵守，海港两端信息阻隔、距离遥远，社会信用制度差异巨大、沟通成本高，早期更常采用暴力形式，同时它们的经济交往也无须共同大规模基础设施投资，沟通的必要性较低。陆地型经济合作则不同，陆地地区制度和文化是一个渐进融合的过程，邻近区域差异小、易于相互理解包容，沟通成本低而沟通效果好，同时经济交往需要大规模的共同基础设施投资，沟通必要性非常大。“丝绸之路经济带”共建源于陆地型经济合作，它因为海洋探险时代的终结、卖方市场向买方市场的转化而重新焕发生机，又因工业品技术扩散、交通运输革命和互联网革命而具有了更广阔的适用空间，因此更需要政策沟通。国家和地区间全方位、多渠道的“政策沟通”是推进“丝绸之路经济带”共建倡议付诸实践的必由之路。

第二章

文化交流与“丝绸之路经济带”“五通建设”之间的关系

一、文化交流：“丝绸之路经济带”合作发展的灵魂

文化交流是“丝绸之路经济带”合作发展的灵魂，是“丝绸之路经济带”“五通建设”的动力之源，这是由“丝绸之路经济带”陆地型经济合作本质属性决定的。“丝绸之路经济带”合作发展的动力源与英美主导海洋经济一体化完全不同，在海洋经济一体化中依据生产优势的标准化廉价大宗商品对外倾销是根本动力，从自由主义经济学的奠基者亚当·斯密的绝对优势论、古典政治经济学的集大成者大卫·李嘉图的比较优势论到“自由主义之圣”约翰·穆勒的国际交换方程式以及诺贝尔经济学奖得主赫克歇尔和俄林的要素禀赋论，英美“主流”经济学对此的论证贯彻始终。法国经济学家萨伊因此自信地说“供给创造自己的需求”（英美“主流”经济学最为著名的萨伊定律），曾经的世界首富亨利·福特因此倔强地说“我只造黑色的T型车”。大宗商品倾销得益于两个基础前提，一是海洋所提供的低廉的运输成本，二是生产规模不断扩大过程中规模收益所带来的生产比较优势。大宗商品倾销需要两个方面的条件，一是工业制成品的标准化，二是贸易规则的标准化。实现这两个方面的标准化需要贸易双方达成统一，在海洋经济一体化中由于港口两端巨大的文化差异，这种标准的统一方式就是文化冲突、文化征服乃至文化消灭，以工业制成品输出国强大武力为保证的政治、经济和军事威胁乃至直接的军事征服是海洋经济一体化中处理文化差异、形成统一标准的主要和常见方式。如果说强

制性的贸易规则和制成品标准输出所带来的文化冲突涉及社会领域尚且有限，那么在海洋经济一体化的进一步发展过程中，即以金融制度输出代替工业制成品输出阶段，“中心”国家对“外围”国家的文化征服和文化消灭则变为了一个社会全范围、根本化的方式。随着社会生产力进步带来的劳动分工的细化、制成品生产规模的扩大和制成品输出国劳动力的日益稀缺，领先经济体逐步将产业向服务社会再生产中生产关系主导权获取的金融业集中，输出社会信用的市场化评估制度逐步替代输出工业制成品成为海洋经济一体化主导国家的经济发展主要模式。此时海洋经济一体化中的文化冲突从国际贸易规则和商品标准等间接和外围的社会制度转向了社会信用体系（以市场信用的衡量标准——金融标准输出为典型）这一直接的社会制度体系，文化冲突不再仅仅是局部和逐渐爆发的形式而转变为了全面的、系统的冲突。在英美主导的海洋经济一体化当中，不同文化间的接触从属于商品倾销，是商品倾销一步步发展的结果，表现形式是文化侵略和文化征服，所谓文化交流，其实只是输出者的传教以及输入者单方面的模仿和学习。

在“丝绸之路经济带”共建中，文化交流是核心和动力之源。“丝绸之路经济带”经济合作的基本机理就是通过不同国家和地区间的科技文化交流发现合作共赢的契机，一方面在彼此尊重对方社会文化和社会制度的基础上确立双边或多边的贸易合作规则推动贸易往来，另一方面在对彼此社会制度相互理解、求同存异的基础上对社会信用体系经济评价（金融）相互认可推动金融往来。文化交流在这里并不固化为某种确定形式，而是通过不同国家和地区间全方位、多层次的文化交往和信息交流，真正实现文化上的交融和制度上的相互理解，实现从民心到制度的相互认可。如果说在历史上这样的文化交往还只能发生在陆地上相邻或相近的国家和地区之间，或者只能发生在大宗商品输出引领海洋经济一体化过程中文化输出未覆盖到的地方，随着近些年来的交通技术革命和互联网革命，这样的文化交往已经具有了在不同国家和地区间广泛开展和成为主导模式的可能性。这种文化交往的必要性来自以它为动力和灵魂的经济合作发展模式在新的历史时代较之以大宗商品输出为动力和灵魂的海洋经济一体化合作发展模式更具优势性。在新的历史时代，以更具文化关怀的多样化需求为核心的社会再生产已经取代了以标准化生产为核心的社会再生产，“本地市场效应”已经取代了“禀赋效应”和规模生产优势，市场营销已经取代生产运作管理，成为管理学科中的热门，乔布斯和苹果的以顾客为中心的经营理念已经替代了亨利·福特的T型车理念。以文化交流为核心的陆地型经济合作模式为“丝绸之路经济带”共建赋予了完全不同于英美主导的海洋经济一体化的时代内涵，这种内涵贯穿于“丝绸之路经济带”“五通建设”之中，成为“丝绸之路经济带”共建的灵魂，以文化交流为核心的经济合作发展模式将会推动“丝绸之路经济带”沿线各国乃至世界经济社会走上一条可持续的和谐发展之路。

二、文化交流与“民心相通”建设

何谓“民心”?“民心”就是社会群体共同享有或大部分人享有的对彼此间社会合作目标、社会角色、遵循规则和价值崇尚的共同认识。“民心”体现在语言表达、风俗习惯和制度法律之中。“民心”的本质是社会群体的主流文化，这一文化源于社会群体成员的共同或多数认知，这一文化又反作用于社会群体中的每一位成员、塑造着每位成员的认知。“民心相通”就是在国家和地区间的交往中，一国或地区的人民主动地去了解另一国或地区人民所共享的“主流文化”，主动去理解他们社会风俗、社会制度和社会认识中的合理性，从而发现两国（地区）“主流文化”中的契合之处以及可以搁置的争议，并基于这些共识和可以搁置的争议谋求合作双赢、共同发展。

文化交流主要由两部分构成，一部分是科学技术交流，另一部分是历史文化交流。一般认为遵循严格形式逻辑推导或实验室检验的科学技术不存在跨文化差异，交流的目的并不是求同存异而是科研中相互探讨，共同推进科学技术进步。这种认识有其合理性，但也不尽然。说其合理的原因在于就研究过程本身而言是合理的，说其不尽然的原因在于对于研究对象的选择而言具有跨文化差异，在某一社会风俗下认为不适当的研究对象在另一种社会风俗下就是适当的。有关社会意识的历史文化交流较之科学技术交流文化间差异的影响就显著得多，因此这一部分构成了“民心相通”建设的主体，而科学技术交流中的跨文化差异也源于这一部分。按照功能学派学者帕森斯、马林诺夫斯基等的认识，这类关于社会意识的历史文化具有整体功能性和存在合理性，是特定环境下自然选择和历史选择的结果，理解此类文化的合理性不能只看其当下的存在形式和外在表现，更重要的是，进入其自然环境和历史演化进程，唯有如此，才能真正达到“知其然并知其所以然”。

功能学派的理论认识为以文化交流推进“丝绸之路经济带”“民心相通”提供了基本的建设思路，这就是有效的“民心相通”应该能使文化交流的形式和内容进入他国自然环境、历史环境和社会氛围之中，从而把文化上追求的相互理解形成在一个建构的过程之中。这种建构的过程具有两种作用，一方面它可以回避直接的文化差异碰撞，历史源头和社会具体情境中所存在的共性认识有助于搁置当下文化矛盾探寻建构中本国文化可以理解的文化生成过程，从而为“求同”获得更大的可能空间；另一方面它便于以历史溯因方法发现文化差异形成的原因，发现这些原因有助于更好地理解差异并选择“存异”的方式方法。只有更好地在文化交流中实现“求同”和“存异”，“丝绸之路经济带”“民心相通”才能更好地实现。因此，对于“民心相通”建设而言，有效的文化交流应以群众文化交流为主体，更应该集中于具有较强建构功能的形式，比如不同国家历史文化的讲授、深度的历史文化旅游以及翻译影视小说等文艺作品供人们观看和阅读。

三、文化交流与“货币流通”建设

货币的本质是一种社会信用，或者更具体地说是基于市场交换的社会信用，也可以称作市场信用。这种社会信用在人类历史上早已存在，本身经历了漫长的历史演化过程，它萌芽于简单偶然的交换中，诞生于总和扩大的交换中，成长于一般等价物的形成过程中，并在金银货币和金银铸币形态下最终固化。但直到此时市场信用还并非社会信用的主体，它对于社会再生产而言还仅仅是一个辅助功能。地理大发现之后，以市场信用为基础的社会再生产形式首先在西北欧地区的荷兰和英国形成，并在随后的几百年，特别是工业革命之后，逐步成为全世界主导的社会再生产形式，这时市场信用成了全社会信用体系的真正主角，货币体系或者叫金融体系成为社会信用体系的中心内容。

如前文所述，市场信用的载体与市场信用本身的发展过程一样经历了一个漫长的发展过程，从不被普遍认可的社会产品到被普遍认可的社会产品，再到贵金属金银，在历史上很长的时间内它表现为实物形态。政府信用的介入使得贵金属铸币成为普遍的市场信用载体，也说明了货币的本质并不是一种必然的实体，它只是一种社会信用，可以通过其他社会信用转化而来，贵金属可以作为这种信用的载体只不过是因为人们认为它在市场中值得信赖。市场经济的发展让全社会对市场信用规模的要求迅速扩大，贵金属的总量限制和携带运输困难都使得它不再适宜承担市场信用载体功能。一种新的市场信用载体和生成机制适时而生，它的承担机构就是金融业，这个产业几乎与市场经济制度同时在荷兰和英国产生，并且承担了在那之后世界市场经济社会再生产形式所需的绝大部分市场信用。经过金融业所生成的市场信用就是我们今天所讲的货币（或者叫货币体系）。需要说明的是，金融业并不生产社会信用，它只是对各类社会信用（包括社会物质财富具有的社会信用和社会生产关系具有的社会信用）可否转化为市场信用进行评估，全社会都相信这种评估的结果，并将这种评估结果（贷款额）作为安排社会再生产的基础。

文化交流与“货币流通”之间的关系就在于两者都密切联系于社会信用体系，社会信用制度是文化的基本组成，货币是对社会信用的市场信用评估结果。一个国家的金融体系（货币体系）倾向于选择何种社会信用作为市场信用、作为货币与这个国家的社会文化密切相关，不理解一个国家的文化而要实现与之“货币流通”在陆地型经济合作中不可能实现。“丝绸之路经济带”的“货币流通”必须依赖文化交流，只有文化交流的有效实现，才能做到理解对方国家和地区社会信用体系中可以被本国接受的内容，才能发现双方在金融体系中的契合点，才可以有效地开展“货币流通”建设。

对于英美主导的海洋经济一体化而言，文化和“货币流通”同样是密切相关的，但这种相关与陆地型经济合作模式完全不同，它是以金融制度输出为先导继而实现文化侵略，“货币流通”在前而文化占领在后，输出的金融制度源自输出国自身的文化和社会信用体系，但表现形式为一种与文化具有一定距离、逻辑严密的文字规则，这使得被输入方往往初始并不能意识到这其中包含着文化侵略。尽早地认识到西方金融规则所包含的文化侵略和以此为基础的金融剥削，对发展中国家非常重要，对“丝绸之路经济带”共建也非常重要。如果不能认识到自身国家民族文化的独特性，不能认识到自身社会信用体系源自自身历史的发展过程具有可信性，具有国家本体地位的金融制度就无法建立（当然海洋经济一体化体制也不希望“外围”国家建立自身金融体系，如蒙代尔-弗莱明模型），这个国家就会永远为西方金融体系所支配，并随着金融制度输入后的文化侵略最终丧失本国文化和抛弃本国历史。当然，假设如此发展下去，“丝绸之路经济带”的“货币流通”建设也就没有了成功的可能。由于“货币流通”所关联的是全社会信用体系，具有一定抽象性并需要交流者具有较强的专业领域知识，这一方面有效的文化交流应以政府、金融体系和科学研究机构专家为主，文化交流的形式则更多地采用专业书籍翻译、专家互访和联合攻关以及深入调研的形式。

四、文化交流与“道路联通”建设

道路是陆地国家间货物运输和人际往来的前提条件，既需要大量的人力、物力投入，也需要科学技术的有力保障，特别是对于复杂地貌和地质结构下的隧道和桥梁建设而言更是如此。这与海洋国家依靠船运投资少、运载力强的贸易往来基础完全不同，对于任何一个试图发展内陆地区经济的国家而言，修路都是一个必须经历的过程。在近代经济史上，法国、美国和德国的崛起之路都与内陆交通基础设施建设联系在一起，法王路易十四、德国首相俾斯麦都把道路建设作为国家发展的根本支撑，而在道路建设方面最可以称为典范的是美国。美国作为移民国家，在建国之初地广人稀，对于如何利用广阔的土地资源，美国发起了两次交通基础设施大规模建设，第一次是在 19 世纪初利用铁路技术的全国范围铺设铁路，从 1828 年第一条铁路开工到 1840 年短短 12 年时间，美国修筑了大约 4538 千米的铁路，成为当时全世界铁路里程最长的国家；第二次是在 20 世纪初为利用汽车技术的全国范围铺设公路，美国不仅在公路里程数上成为当时的世界第一，更赢得了“轮子上的国家”的美誉。我国民谚所说的“要想富，先修路”深刻地说明了对于一个内陆地区而言交通基础设施建设先行是何等重要。20 世纪 50 年代以来随着高速公路、高速铁路建设领域的技术突破，陆地之上新的交通方式对陆路运输运载力和运载效率都有了很大提升，尽管远途运输上其仍然难以与海运相比较，但在中近途上陆路运输相较海运的优势已经扩大到了更大的覆盖半径，这一变化进一步推动了全球经济从供给侧“禀赋效应”向需求侧“本地市场效应”转型。

“丝绸之路经济带”沿线国家和地区间的“道路联通”建设与美英法曾经的崛起之路显然又不相同，“跨文化”以及经济技术水平在国家间的不一致是“丝绸之路经济带”“道路联通”建设的特殊之处。如何在这种特殊人文环境实现“丝绸之路经济带”“道路联通”，文化交流必不可少。文化的差异会让不同国家和地区间对“道路联通”的社会作用、联通点的作用、建设过程对原有设施和环境的破坏、已联通道路的运营规则等各方面内容产生不同认识，套用博弈论中所采用的术语，博弈双方对对方支付函数不清楚，根据博弈论原理这种信息（文化）上的障碍会导致有效合作的帕累托改进难以达成。突破这种困境唯一的方法就是文化交流，让博弈双方了解对方的诉求，从而可以有针对性地提出双方都愿意接受的“道路联通”方案。

由于“道路联通”所关联的多为具体项目且主要集中在边境地区，“道路联通”所涉及的文化交流更需要深入道路所联通的边境地区居民社会环境之中，就联通中所涉及的具体问题寻求双方共同接纳的巧妙办法，从而推进两国（地区）道路的全面联通。同时，关于基础设施建设的科学技术交流对“丝绸之路经济带”“道路联通”建设也非常重要。科学技术资源当前在“丝绸之路经济带”上的分布并不均匀，它表现为两端集中（太平洋西岸和大西洋东岸）而中部相对匮乏的状态，科学技术上的互通有无，特别是在交通基础设施建设领域，将会极大地推进“丝绸之路经济带”“道路联通”建设。

五、文化交流与“贸易畅通”建设

贸易是买卖双方基于经济交换的合意。所谓“合意”，就是当事人意思表达一致。贸易是买卖双方的相互付出与相互取得，一方的付出是为了从对方获取所得，但交换仅限于社会文化中的道德中立标的，对于非道德中立的行为（如大部分文化中的卖淫、买卖婚姻等）则不能包括在内。与英美主导的海洋经济一体化当中以“供给”为中心的生产“禀赋效应”、标准化大宗商品交易和远距离运输为特征的贸易往来不同，“丝绸之路经济带”的“贸易畅通”建设以“本地市场效应”、多样化差异化商品和中近途运输为特征。对于海洋经济一体化的贸易而言，贸易的一方是标准化工业制成品的输出方——英美发达国家，而另一方发展中国家用于交换的是它们的农产品和自然资源。交易的规则和制成品标准都由输出国根据自己的社会制度和文化的便利性制定，贸易的地域范围依靠坚船利炮来推动，文化交流在这其中完全没有必要，在贸易过程中当然会因文化差异而产生很多冲突，这种冲突主要依靠发展中国家对发达国家贸易规则的被迫接受来解决，即伴随着贸易往来的文化侵略。普雷维什用“中心—外围理论”对这样的过程进行了理论上的总结。这一过程进一步的发展和演化就是工业制成品生产地进行雁型转移（赤松要，1935），发达国家转变为市场信用评估服务生产中心（金融中心）和社会文化制度输出地，但雁型上接受产业转移的国家必须是接受发达国家制度文化最全面和最彻底的地方。

文化交流对“丝绸之路经济带”的“贸易畅通”建设至关重要，因为“丝绸之路经济带”沿线国家的经济贸易往来具有陆地型经济合作的基本特征，是以文化上的相互理解为前提的。这里贸易发生的经济原因是以“需求”为中心的本地市场效应，文化上的相互尊重是理解不同地域市场需求的前提，贸易交换的是符合地域文化特征的多样化、差异化的商品，特别对于互联网革命后日益兴起的无形商品贸易更是如此。“丝绸之路经济带”沿线国家和地区间的贸易规则不能通过某个国家或某种文化主体的强权得以制定，必须是贸易往来两国（地区）之间在相互文化理解基础之上制定的相互尊重的双边或多边共同遵循的制度。“丝绸之路经济带”上的“贸易畅通”建设既需要交易主体之间的文化理解去发现差异化的细分市场，也需要政府站在不同角度去谋求共同规则的制定。实现这样两个目标都需要进行深入的文化交流，特别是民间文化交流。除“民心相通”建设中所强调的建构性民间文化交流外，具体商品的明确功能性使得“贸易畅通”中的民间点对点交流可大量借助简短有效的信息进行沟通。跨文化互联网沟通平台，特别是具有互动交流性的贸易平台，可以实现这一目标。

同时在科技经贸领域，“丝绸之路经济带”沿线国家和地区间在科学技术上的非均衡性也对彼此间的文化交流提出了要求，在农产品、石油、矿产、电子通信产品、轻工产品和机械装备等主要贸易领域，“丝绸之路经济带”中部的中亚、中东、东欧国家十分需要来自东亚和西欧的技术支持，以科研专家为主体的科学技术文化交流（包括联合攻关、专家互访等）将会对“丝绸之路经济带”专门领域贸易的开展产生重大的促进作用。

六、文化交流与“政策沟通”建设

政府是国家和地区作为社会整体的对外代表，政府间的协商对于国家和地区间经济社会合作至关重要。不管口号再怎么响亮，再怎么声称自己是自由主义国家，即使是完全否定社会群体性存在的政客，在外交上也都非常重视政府的作用。在英美主导的海洋经济一体化当中，“中心”国家政府并不谋求“外围”国家对其推行制度规则的理解，也并不寻求与发展中国家的相互沟通，其政府对外的作用只是依托军事霸权和经济霸权对“外围”国家和地区提出强制性规则并要求其遵守，“外围”国家和地区迫于外在政治、经济乃至军事压力，只能以牺牲本民族文化和利益为代价屈从于“中心”。不同国家和地区间的文化接触在这里没有交流，有的只是伴随着霸权规则进入本国社会所发生的文化冲突、文化侵略和文化征服。

“丝绸之路经济带”经济合作发展的性质决定了这一共建过程中的政府不应该是一个霸权的政府，共建中的政府只应该遵循彼此间相互尊重的原则，代表各自国家和地区社会整体进行彼此间的有效沟通，确立能实现彼此间互利共赢的双（多）边规则或达成项目合作。“政策沟通”贯穿于“民心相通”“货币流通”“道路联通”“贸易畅通”之中，前述“四通”强调的文化交流的形式和领域也在不同方面可以起到推进“政策沟通”的作用。文化交流对“丝绸之路经济带”的“政策沟通”建设非常重要，这不仅是因为文化交流是政府间沟通的重要形式，更因为文化交流可以实现对政府间相互理解和协议达成的推进，或者说文化交流与“政策沟通”具有较为显著的相互促进作用。一方面，政府是推进国家和地区间文化交流的重要力量，政府政策的支持代表了一个社会群体整体的价值导向，会激发全社会不同群体参与到国家和地区间的文化交流中去；另一方面，通过文化交流可以促使政府间对彼此的利益诉求、文化传统、国情国力产生更明确、具体的认识，从而帮助彼此发现利益的共同点和搁置差异的有效方式。因此，重视文化交流对于“政策沟通”的作用，把文化交流作为推进“政策沟通”建设的重要方面，应当成为“丝绸之路经济带”共建的重要内容。

第三章

“丝绸之路经济带”文化交流的主要形式

一、推进“丝绸之路经济带”文化交流的本质是有效开展文明间相互的跨国和跨地区文化传播

（一）文化与文化传播

文化是经验和情感的生产（阐发）、记录、传播、习得和与前四者相协调的制度（如宗教、法律、道德等）。这其中生产（阐发）是前提，记录是基础，传播是途径，习得是目的，而制度是对前四者实现的保证。与一般社会生产以生产资料和消费资料为目标不同，文化的生产是一种主动地以可推广经验和可共鸣情感为目标的生产（阐发），主要包括科研工作者的科学技术创新和文艺工作者的文学艺术创作。因此，文化可以分为五个部分，即，文化生产、文化记录、文化传播、文化习得、文化制度，但这五部分又不可分离，因此在文化理论中也常说，“文化即生产”“文化即记录”“文化即传播”“文化即习得”“文化即制度”。就信息理论而言，文化记录本质上就是信息（静态理解）和信息加工（动态理解），文化传播本质就是一种信息传播，文化习得的一个重要方面就是信息甄选和信息记忆（另一个重要方面是建构认知），文化制度包含了对信息记录、传播和甄选的制度性要求。信息甄选包含两个方面：一是计算能力（由大脑的自然属性决定）；二是甄选标准（由之前的文化建构和文化制度决定）。

文化的功能主要表现在四个方面：其一，习得知识和技能（包括社会交流符号、社会合作规则、历史经验——知识、技能和科学）；其二，推

进社会合作（包括经济合作、社会合作和情感交流）；其三，进行阶级或阶层统治（包括经济剥削、社会压迫和政治专政）；其四，形成创新和推进社会发展（包括科学技术研究和文学艺术创作）。文化使现代人站在了历史巨人的肩膀之上，也使当代人可以团结协作，还为社会创新提供了资源消耗较小、试错成本较低的途径。文化是人类社会生产最大的社会财富，是最重要的生产资本，文化中的科学技术是社会“第一生产力”。我们通常讲的“文化搭台，经济唱戏”，实际是将实体化生产要素理解为经济，而将非实体化生产要素理解为文化。因为文化具有典型的公共物品属性，在个体自利性决策中难以纳入生产函数，但对于宏观经济分析中的社会生产函数而言，文化毫无疑问是最重要的生产要素。因此需要强调，文化并不是经济的助推器，它是经济的决定性力量，没有这个“台”，“戏”就根本没法“唱”。

文化传播是文化内涵中最基本的组成部分。离开传播，经验的生产和记录会失去意义，而习得也会失去对象。具体来讲，文化传播就是文化信息（记录和加工的记录）从信源（记录载体）出发，经由渠道（传播媒介）到达信宿（期望的习得主体）的过程，但这并不意味着渠道和信宿在文化传播中处于完全的被动和从属地位，“按照议程设置论”等传播强效果理论渠道对信息具有再造性，而由信宿向信源的反馈机制则被普遍认为是文化传播的重要组成部分。基于这一文化传播概念，文化传播包含以下结构要素：传播者（信源），进一步可分为编码者（信息生产者）和发信者（信息发出者）；受传者（信宿或受众），进一步可分为收信者和解码者；信息（传递客体、文化符号），具有代表性、指示性和可解释性三个特征；传播媒介（信道、渠道或传播工具），进一步可分为传播工具（电话、报纸、书籍、网络）和从事信息制作与传输的组织机构（报社、电台、电视台），前者代表文化传播的技术手段（编码设备、载体设备、通路设备、解码设备），后者代表社会资源对文化传播的配置和文化传播中的社会制度；传播反馈（传播者、受播者以及传播媒介在传播中的互动）；

传播效果（传播者和传播媒介的主动评价）；传播原因；传播环境（自然环境、社会环境）；传播技巧（传播者、受播者和传播媒介都存在各自的技巧）。推动文化传播实质上包括以上构成要素各个方面对文化传播信息量的增加和习得效果的提升。

（二）“丝绸之路经济带”文化交流的本质是有效开展跨文化传播

“因文而化”，“文化”一词本身就包含了交流。作为文化内涵的基本组成，文化传播既包括信息从信源向信宿的到达，也包括信宿对信源的信息反馈，是信息的双向流动。单独使用的“文化交流”一词显然不同于“文化”一词本身包含的交流含义，它具有特殊的指向性，即跨文化传播。

跨文化传播是全球化时代的世界文化的主题之一。所谓跨文化传播，从微观视角来看，是指以已经基本习得一个文化系统主要内容和建构起一个相对完备认知体系的个人为目标，通过文化传播使其对另一个有着很大不同的文化系统进行再习得和被原有文化建构同化的过程；从宏观视角来看，是指通过文化传播使得一个文化系统对另一个文化系统理解并进行适于自身发展改造的过程，比如为合作共赢而习得对方语言和风俗等。由于文化系统差异性的存在，跨文化传播与普通的文化传播既存在规律上的一般性，也存在其规律的特殊性。就一般性而言，跨文化传播同样遵循文化传播的四种类型划分（人际传播、大众传播、组织传播和群体传播）和实践五个主要功能（推进信息的记录、储存、加工和传承；促使提升认知能力、改变认知结构；推进人的社会化；通过协调沟通促进合作；在习得前人经验的基础上推进合作创新）。就特殊性而言，跨文化传播的个体受众已经建立起一整套社会交流符号、社会合作规则以及社会价值观，这些内容与来自完全不同自然环境和文化体系的经验和情感信息存在差异乃至碰撞的可能性较大，如何基于这些差异和碰撞实现文化间合作和相互学习是跨文化传播的关键所在。

“丝绸之路经济带”共建倡议所覆盖的地理范围显然具有跨文化的性

质，这一区域几乎覆盖了人类历史所有伟大的文明，从恒河流域和印度河流域的印度文明到伊朗高原之上的波斯文明，再到发祥于阿拉伯半岛的阿拉伯文明、爱琴海沿岸的地中海文明以及斯拉夫文明、北欧文明和中亚草原文明等。这种跨文化的性质要求“丝绸之路经济带”的合作与共建必须开展不同文化间的广泛交流，这种文化交流就是文明间相互的跨文化传播。因此跨文化传播不仅必需，它还构成了“丝绸之路经济带”共建的灵魂。在人类历史上，大范围有效实现了跨文化传播的历史经验有两类：一类是以古丝绸之路为代表的陆地型渐进交融式跨文化传播，另一类是以古希腊—罗马为主导的古代海洋经济一体化和以英美为主导的近现代海洋经济一体化中以文化冲突和文化征服为主要表现的跨文化传播。两种类型的跨文化传播根源于不同的历史时代背景和自然地理环境，采用了完全不同的形式和途径，在不同历史背景下都曾经发挥过推动人类历史发展的作用。海洋经济一体化在跨文化传播中因为海港两边截然不同的文化背景和大宗商品贸易所带来的巨额利益，遵循了简单的刺激—反应方程式，即采用政治、经济乃至军事全方位的“胡萝卜加大棒”形式，强制性地要求文化被传播地区遵循文化输出地区的文化体系，强制性地设定单边贸易规则乃至社会信用规则，从雅典城向整个提洛同盟提供法律规则和司法服务到今天美国主导下的金融贸易规则和向全世界提供金融贸易规则服务，其形式和本质都具有一致性。古丝绸之路是横跨亚非欧大陆的陆上文化经济桥梁，虽绵延万里但每一段又都山水相连，在整个通道上的文化征服难上加难，而每一局部的文化融合却可以使双方获益良多。彼此尊重、相互理解、求同存异的文化交流方式是古丝绸之路留给我们宝贵的精神财富。

“丝绸之路经济带”共建旨在复兴古丝绸之路为人类发展所提供的伟大的有益经验，它所强调的文化交流模式迥异于英美主导的海洋经济一体化。在这一文化交流模式中，彼此尊重成为核心。影响这一文化交流模式的有效开展，也就是影响文明间相互跨文化传播效果的因素可以概括为五个方面：其一，对不同文化修辞的敏感性，也就是是否能够敏感地区分出自身文化和外来文化；其二，采取描述性和非评价性立场的能力，也就是在传播中采取中性立场而非自身文化标准叙事的能力；其三，适度的移情能力，即把主体（信源）与客体（信宿）之间的对立关系转化为统一关系，直白地说，就是是否具备按照对方文化特点阐述自己需要传递的信息；其四，灵活应付不同场景角色的行为能力，也就是由于语言缺陷在传播中造成失误的补救能力，如近似语策略、合作策略、协调冲突和妥协让步；其五，有助于拓展心灵的开放性与减少偏见的认同灵活性与认同协商能力。

基于以上有效实现“丝绸之路经济带”跨文化传播的五个方面的影响因素，本书接下来将从文化传播的不同类型出发，分别基于人际传播、大众传播、组织传播和群体传播分析当前“丝绸之路经济带”文化交流的主要形式。

二、基于人际传播的“丝绸之路经济带”文化交流的主要形式

人际传播指个人与个人之间的信息交流，是最为基本的文化传播途径。人际传播的形式可以是两个人面对面的直接传播，也可以是以媒体为中介的间接传播。前者主要以语言表达信息，或用表情、姿势来强化、补充、修正语言的不足，它可以使传者与受者直接沟通，及时反馈信息，并共聚一堂，促膝交流，产生亲切感，从而增强传播效果；后者使用的媒体主要有书信、电报、电话、交互电视、计算机网络和移动终端等，它可以使信源（传播者）与信宿（受众）克服空间上的距离限制，从而提高文化传播效率。

“丝绸之路经济带”基于人际传播的文化交流主要通过国际旅游、跨境经贸往来和跨境间接交往等多种形式实现。

（一）“丝绸之路经济带”基于国际旅游的文化传播及其发展情况

旅游是工作和生活之外，人们所采取的最为常见的休闲娱乐方式之

一。通过旅游增广见闻、获取新知是大多数人在休闲娱乐之外对旅游的最主要功能定位，而这一功能也完全匹配跨文化传播目标——了解异域文化并令他人了解自身文化，提升自我能力和促进文化间合作。布鲁卡姆和卡茨的“使用—满足理论”为这一跨文化传播模式提供了理论解释，他们认为即使在认识论和价值观都确定的情况下，人也并不是封闭的，人们依然在根据自己的需求谋求扩展，主动地获取对自己有用的信息以提高生活质量（施拉姆因此将传播信息比喻为受众的“自助餐厅”）。历史文化旅游因此在国际旅游中更受青睐，世界旅游胜地与历史文化关联的占绝大多数，从巴黎的凯旋门、埃及的金字塔到耶路撒冷的哭墙、沙特阿拉伯的圣房，再到印度的泰姬陵莫不如是。

在当今世界，国际旅游已经发展为跨境直接人际交流的最重要形式，这一形式为跨文化传播提供了十分便利的条件。近年来，国际旅游呈现出快速增长趋势，增长速度完全超过了全球经济增长速度（见图 3-1），2018 年全球国际旅游总人数超过 14 亿人次，国际旅游总收入超过 1.4 万亿美元（见图 3-2）。

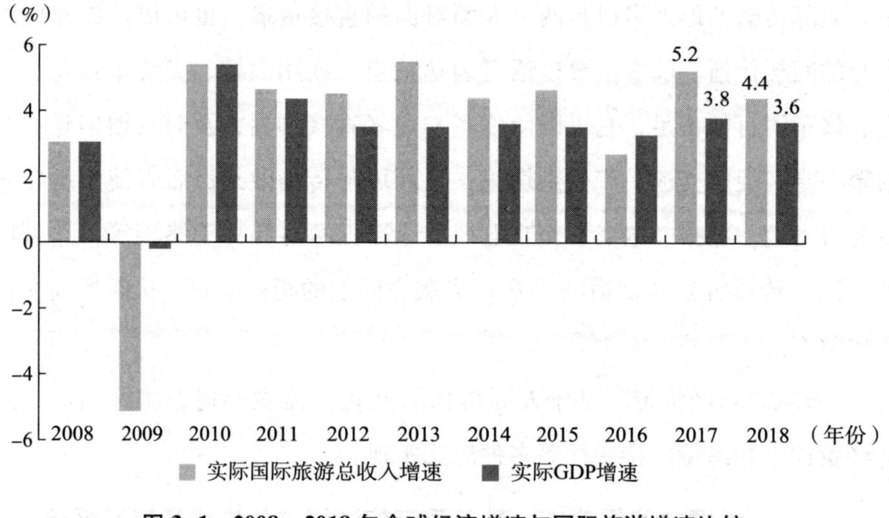

图 3-1　2008—2018 年全球经济增速与国际旅游增速比较

资料来源：2019 年联合国国际旅游组织《国际旅游报告》。

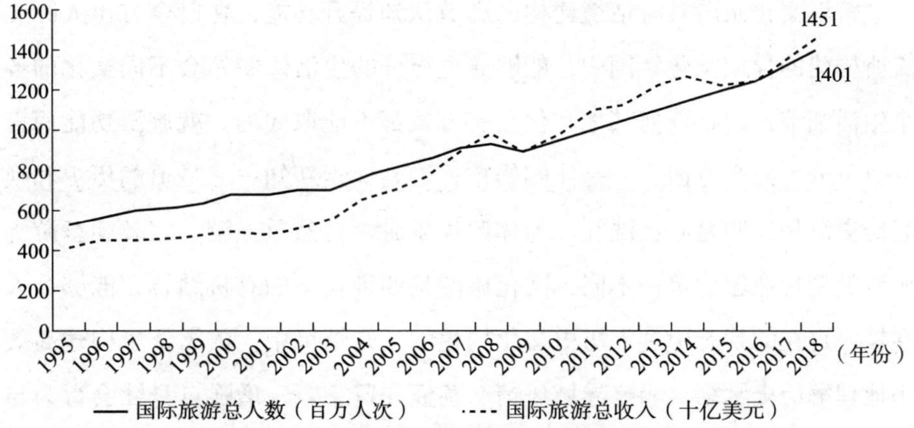

图 3-2 1995—2018 年全球国际旅游总量趋势

资料来源：2019 年联合国国际旅游组织《国际旅游报告》。

“丝绸之路经济带”的国际旅游发展情况与全球基本一致，呈现出近年不断增长的趋势，并且中国对“丝绸之路经济带”沿线国家和地区旅游发展的基石地位越发凸显。据中国旅游研究院统计，自 2014 年起，中国赴“一带一路”沿线国家旅游人数快速攀升，从 2013 年的 1549 万人次快速提升到 2017 年的 2741 万人次，5 年间增长了 77%，年均增速超过 15%，而“一带一路”沿线国家赴中国旅游人数也在 2017 年突破 1000 万人次关口（见图 3-3）。

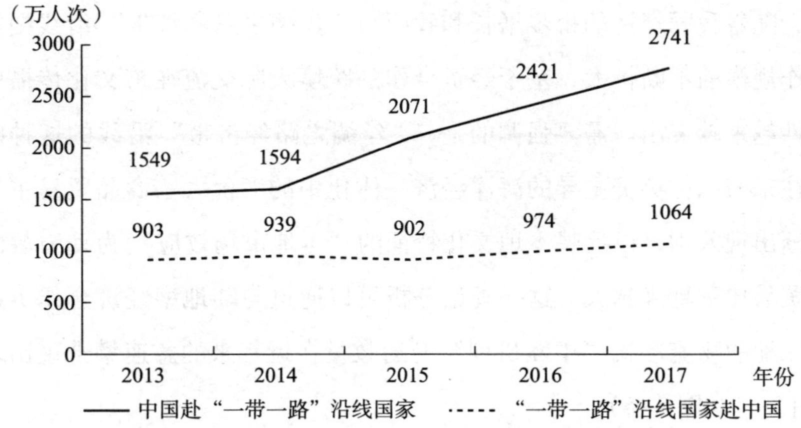

图 3-3 2013—2017 年“一带一路”国际旅游人次趋势

资料来源：中国旅游研究院《“一带一路”旅游大数据专题报告（2018）》。

跨境文化旅游具有情境建构的高效认知提升功能，在以全方位人际交流所构建的异域文化氛围中，能够通过充分的生活体验领会不同文化的各个生活细节，这是任何其他文化交流方式都不能取代的。就旅游功能而言一般可分为四个方面：一是休闲娱乐；二是探索新知；三是追溯历史和唤起历史沉积；四是心灵洗礼。与休闲娱乐游、自然风光游、宗教朝圣游等旅游类型功能较为单一不同，文化旅游是四种功能的有机结合，能够令人在轻松自在的状态中进入历史文化构建的认知情境中，依靠情境构建高效率地理解历史脉络、领略异域风情、读懂先贤智慧，增强自身社会行为与历史文化之间的共鸣，进而拓展新知、陶冶情操。这与"丝绸之路经济带"文化交流的核心目标——实现不同国家和地区人民之间对对方文化的相互理解——完全一致。

（二）"丝绸之路经济带"基于跨境经贸往来的文化传播及其发展情况

跨境经贸往来同样伴随着跨境人际交往，不论商业洽谈、物流运输还是售后服务，都离不开人与人之间的直接交流。尽管这一人际交流的内容主要围绕着商业合作，但伴随着合作的文化传播依然普遍存在。特别是近年来，随着我国经济的稳步增长和我国与"丝绸之路经济带"沿线国家经贸合作规模的不断扩大，基于经贸合作的跨境人际交流在跨文化传播中的重要性越来越突出。需要强调的是，"丝绸之路经济带"沿线的这种跨境经贸往来与以往英美主导的海洋经济一体化中的廉价大宗商品贸易主导形式渐渐出现差别，以反映本地文化特征的"本地市场效应"为动力源的中小宗贸易比重越来越大。这一理论分析可以通过与陆地型经济合作贸易形式相匹配的物流形式"中欧班列"开通数量在近年来的急速攀升窥出端倪（见图 3-4 和图 3-5）。

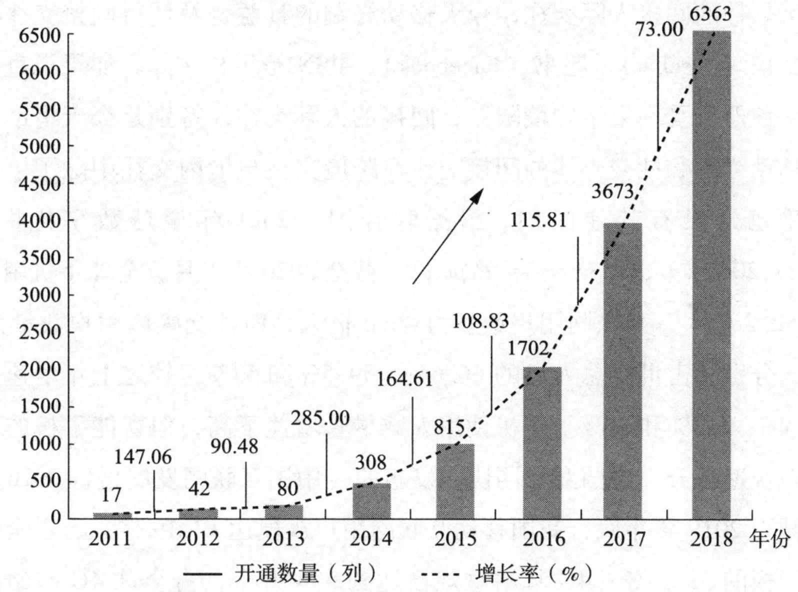

图 3-4 2011—2018 年中欧班列开通数量趋势

资料来源：中国“一带一路网”。

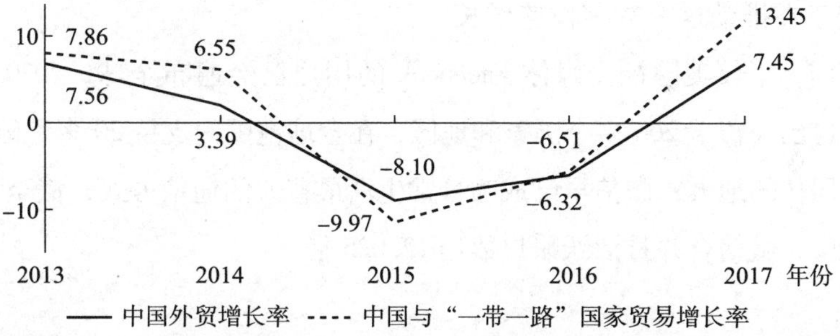

图 3-5 2013—2017 年中国与“一带一路”国家贸易增长率趋势

资料来源：中国“一带一路网”。

（三）“丝绸之路经济带”基于跨境间接交往的文化传播及其发展情况

随着人类科学技术的进步，依赖媒介的间接交往在人际交往中的作用越来越重要。纸张的出现带来了基于信件的间接人际交往，无线电技术的出现带来了基于电话的间接人际交往，互联网的出现带来了基于电子邮件和聊天软件的间接人际交往，今天移动终端的日益普及使得间接交往必须借助微信（Wechat）、脸书（Facebook）、MSN 等手机 App。如果说直接的人际交往严重受约束于国境限制，间接的人际交往，特别是今天借助互联网、移动终端和社交媒体的间接交往在跨境交往与境内交往中除了语言限制几乎已经没有其他区别。根据联合国《2021 年全球数字化报告》(*Digital* 2001: *Global Overview Report*)，截至 2020 年 1 月，全球手机用户数量为 52.2 亿人，互联网用户数量为 46.6 亿人，而社交媒体用户数量为 42 亿人，分别约占世界总人口的 66.6%、59.5%和 53%，较之上年增速分别为 1.8%、7.3%和 13%。手机使用人数尽管增速不高，但智能手机的普及率正在快速提升。中国互联网协会发布的《中国互联网发展报告 2020》显示，截至 2019 年年底，我国移动互联网用户规模达 13.19 亿人，占全球网民总规模的 32.17%；4G 基站总规模达到 544 万个，占全球 4G 基站总量的一半以上。智能手机的全世界普及、网络质量从 3G、4G 到 5G 的不断升级、社交软件的不断升级以及人们所普遍具有的"与大多数保持一致倾向"仍正在推动这一数字快速增长。

当前，不仅美国社交媒体 Facebook 的用户已经遍布全球，2020 年微信在全球也已经覆盖 200 多个国家和地区，在全球范围内支持 20 多种语言，在有华人居住的地方，微信早已成为日常生活最普遍的通信方式，截至 2020 年第一季度，微信合并月活跃账户数达 12.025 亿。

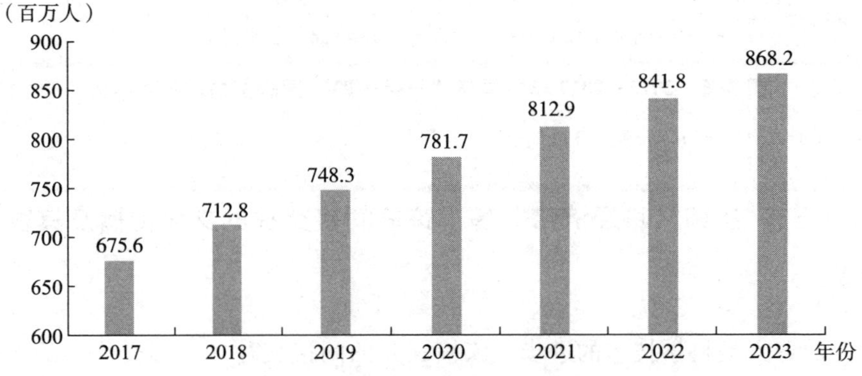

图 3-6　2017—2023 年中国智能手机用户数量及预测

资料来源：艾媒数据中心（data.iimedia.cn）。

表 3-1 2019 年 Facebook 全球部分国家和地区使用人数

国家	人口	互联网用户量	占比（%）	脸书用户量	占比（%）
印度	1368737513	560000000	40.90	300000000	22
美国	326766748	312322257	95.60	240000000	73
巴西	210867954	149057635	70.70	139000000	66
印度尼西亚	269536482	171260000	63.50	130000000	48
墨西哥	130759074	85000000	65.00	78000000	60
日本	126854745	118626672	93.50	71000000	56
菲律宾	108106310	79000000	73.10	62000000	57
越南	97429061	68541344	70.30	50000000	51
泰国	69306160	57000000	82.20	46000000	66
土耳其	82961805	69107183	83.30	44000000	53
英国	66959016	63544106	94.90	44000000	66
韩国	51339238	49234329	95.90	43000000	84
埃及	102334404	49231493	48.10	42400000	41
法国	65480710	60421689	92.30	33000000	50
巴基斯坦	204596442	71608065	35.00	32000000	16
德国	82438639	79127551	96.00	31000000	38
意大利	59216525	54798299	92.50	30000000	51
阿根廷	44688864	41586960	93.10	30000000	67
哥伦比亚	49464683	31275567	63.20	29000000	59
孟加拉国	168065920	96199000	57.20	28000000	17
尼日利亚	206139589	126078999	61.20	27120000	13
西班牙	46441049	42961230	92.50	23000000	50
加拿大	36953765	33221435	89.90	23000000	62
马来西亚	32454455	26353017	81.20	22000000	68
南非	59308690	32615165	55.00	21280000	36
秘鲁	32551815	22000000	67.60	20000000	61
阿尔及利亚	43851044	25428159	58.00	19000000	43
摩洛哥	36910560	23739581	64.30	18330000	50

资料来源：SociaLydia（海外社交媒体运营服务商）。

从图3-6、表3-1中不难看出，基于互联网、智能手机和社交媒体的人际间接交往模式今天已经不仅限于个别西方发达国家或一国之内的少数富裕阶层。“丝绸之路经济带”沿线的广大发展中国家和地区也已经普遍采用了这种日常交流形式。根据我国海外社交媒体运营服务商SociaLydia的统计，埃及、巴基斯坦、肯尼亚、哈萨克斯坦、蒙古国等国的互联网人口覆盖率已经分别达到48.1%、35%、87.2%、78.9%、63.2%；而社交媒体Facebook的使用人数也分别达到了4240万、3200万、700万、250万、244万。互联网、移动终端和社交媒体推进下的人际交往方式革命也为“丝绸之路经济带”跨境人际文化传播提供了崭新的模式，对这一模式的有效开发将有力地推动“丝绸之路经济带”文化交流。

三、基于大众传播的“丝绸之路经济带”文化交流的主要形式

大众传播指经由一定的大众传播工具向社会大众传送信息的文化传播形式，其最大的特点是信息传播速度快、范围广、影响大。大众传播一般由五个要素构成，即传播者（信息传送者）、传播工具、接受人、内容及效果。大众传播的传播者（信息传送者）通常是庞大的组织体，由众多的职业传播者组成，它们控制着大众传播工具，往往既是信息的传送者也是信息的生产者，兼具文化创作和文化传播双项职能。大众传播工具，也称大众传媒或大众媒体，是发送信息能被社会大众普遍接收的信息传输载体或传输途径，有着鲜明的时代特征。一般会随着信息技术的革新而更新换代，先后经历了戏剧时代、印刷品时代、电台时代、电视机时代、互联网时代和今天的移动终端时代。今天的大众传播工具主要包括广播、电视、电影、门户网站、搜索引擎、App和公众号以及户外广告、书籍、舞台演出、文博物品展览等多种类型，以往风光无限的报纸传媒已经从大众生活

中渐渐淡出并逐步转型为互联网上的新闻门户网站和移动终端上的 App 以及公众号。大众传播的信息接受人顾名思义就是普通大众，但传播者为了更好地实现传播目标效果也往往会对普通大众进行群体细分，从而在信息的生产和传播中进行有针对性的设计。大众传播的内容一般包括三种类型：一是新闻宣传和舆论监督；二是休闲娱乐；三是科学文化和生活技能教育。大众传播的效果反馈往往依赖专业调查机构对社会大众开展的传播效果调查，常见的形式如电视节目收视率调查。

“丝绸之路经济带”基于大众传播的文化交流主要通过广播电视、电影、门户网站、搜索引擎、App、公众号、户外广告和印刷品等多种形式实现。

（一）“丝绸之路经济带”基于广播电视和电影的文化传播及其发展情况

广播电视是通过无线电波或导线传播声音、图像、视频的文化传播工具。只播送声音的，称为声音广播（一般简称广播）；播送图像和声音的，称为电视广播（一般简称电视）。到目前为止，广播电视仍然是包括“丝绸之路经济带”沿线国家和地区在内全世界大众传媒的重要组成。根据国家统计局数据，2018 年我国广播节目综合人口覆盖率达 98.94%，比 2017 年的 98.71%提高了 0.23 个百分点；全国电视节目综合人口覆盖率达 99.25%，比 2017 年的 99.07%增加 0.18 个百分点；全国有线广播电视覆盖用户数达到 3.46 亿户，同比增加 0.10 亿户；全国数字电视覆盖用户数 3.23 亿户，双向电视覆盖用户数 2.08 亿户，同比分别增长 6.25%和 11.83%（见图 3-7）。

不仅覆盖率高，依托广播电视的组织机构（电台和电视台）还是世界各国影视文艺产品的最重要生产者，在所有类型大众传媒中从业人数最多，生产的可在广播电视平台播放的文化产品产量也最大。由于近年来文化产业专业化程度不断提升、专业化影视制作公司数量不断增多以

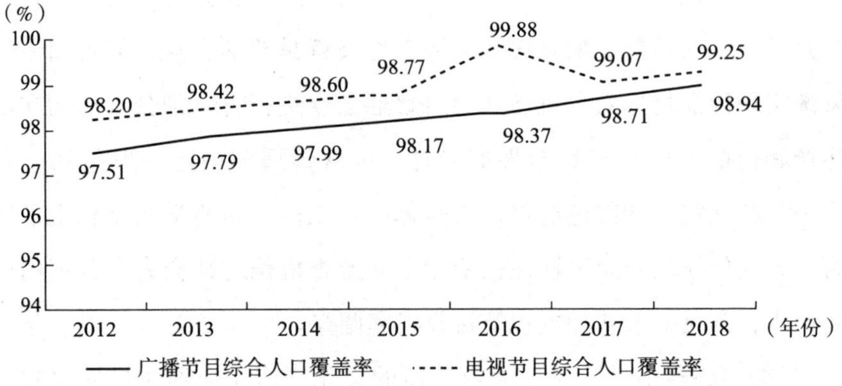

图 3-7　2012—2018 年我国广播和电视综合人口覆盖率趋势

资料来源：国家统计局。

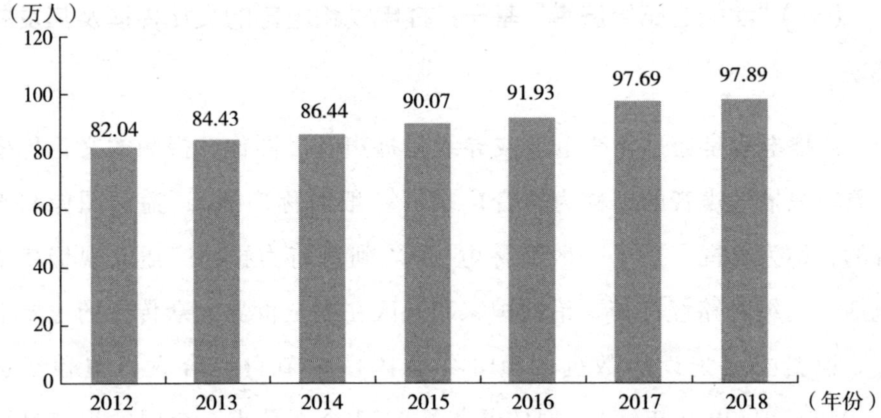

图 3-8　2012—2018 年我国广播和电视从业总人数趋势

资料来源：国家统计局。

及门户网站不断进入影视制作领域，大众传媒从业人员数量的增速有所放缓。根据国家广播电视总局数据，2010 年我国已成为世界电视剧产量第一大国，2017 年我国全年生产电视剧 310 部计 13310 集，电视动画片 83599 分钟，全年生产故事影片 798 部，科教、纪录、动画和特种影片 172 部。

表 3-2 2014—2018 年我国广播影视类产量统计

类别	2014 年	2015 年	2016 年	2017 年	2018 年	年均增长率
广播节目产量（小时）	7647267	7718163	7820296	7888254	8017573	1.19%
电视节目产量（小时）	3277394	3520190	3507217	3651775	3577444	2.21%
电影制作总量（部）	758	888	944	970	1082	9.3%

资料来源：国家统计局。

电影是由活动照相术和幻灯放映术结合发展起来的一种连续的影像画面。作为大众文化传播的一种形式，电影在其诞生之初曾经风靡一时，但随着广播电视进入千家万户，电影由于观影成本较高和观影条件较为苛刻而社会影响力不断下降，只在美国等发达国家仍具有较强的文化传播力。进入 21 世纪之后，随着包括中国在内的广大发展中国家经济水平的不断提升，电影作为一种大众传媒形式开始逐渐进入普通群众的文化视域。据艾媒研究院发布的《2019 年中国电影市场运行状况及 2020 发展趋势研究报告》统计，2019 年我国电影总票房 642.66 亿元，比 2018 年增长 5.40%，净票房 594.195 亿元，比 2018 年增长 5.02%；全年国产电影票房 411.75 亿元，占全国电影总票房的 64.07%，比 2018 年增长 6.13%；全年放映 11621 万场，比 2018 年增长 13.17%；观影人次 17.28 亿人，比 2018 年增长 0.58%；全年可统计票房影院 11453 家，银幕数 67816 块，座位 8816010 个，同比 2018 年，可统计票房影院增加 1015 家，银幕数增加 8219 块，座位数增加 971720 个，而电影票平均价格在上年 32.93 元的基础上小幅上涨到 34.38 元（见表 3-3）。同时，我国的电影生产能力也大幅提升，根据国家电影局数据，2018 年我国电影年产量达到 1082 部。我国电影产量和电影市场容量均已达到世界前列。

表 3-3 2016—2019 年中国电影业基本情况统计表

类别	2016 年	2017 年	2018 年	2019 年
总票房（亿元）	457.12	559.11	609.76	642.66
总票房年增长率（%）	—	22.31	9.06	5.40

续表

类别	2016年	2017年	2018年	2019年
国产片票房（亿元）	266.63	301.04	387.97	411.75
进口片票房（亿元）	190.49	258.07	221.79	230.91
观影人次（亿人）	13.74	16.24	17.18	17.28
观影人次年增长率（%）	—	18.2	5.79	0.58
放映场次（万场）	6948	8934	10269	11621
影院数（家）	7852	9293	10438	11453
银幕数（块）	41542	50776	59597	67816
座位数（个）	5268098	6797231	7844290	8816010
平均票价（元）	33.13	32.29	32.93	34.38

资料来源：艾媒研究院《2019年中国电影市场运行状况及2020发展趋势研究报告》。

在“丝绸之路经济带”共建中，我国的情况无论是在广播电视的覆盖率还是电影影响近年来的不断提升等方面都具有典型性，广播电视和电影这些大众传播形式在境内文化传播方面不论在文化的生产功能上还是传播功能上都在发挥着重要作用，但在跨境文化传播方面受约束于语言障碍和文化隔阂，尽管也有大量的引进作品和输出作品，但在数量和文化分布范围上还存在很大欠缺，引进的作品主要集中在美欧和日韩等少数国家，而输出的也主要是华人社群集中的国家和地区。基于广播电视这一大众传播形式开展“丝绸之路经济带”跨文化传播还只是刚刚起步。

（二）“丝绸之路经济带”基于门户网站、搜索引擎和App的文化传播及其发展情况

门户网站、搜索引擎和App是互联网和移动终端带来的文化传播革命所产生的新的大众媒体形式，它们的共同特点是信息传输速度快、存储量大和受众主动检索性强。借助互联网和移动终端的普及，这些数字化的新大众传播媒体迅速取代了传统大众传媒的主体地位，成为对人们日常生活影响最大的文化传播方式，手机已经取代电视成为“家里见面最多的人”，手机也已经取代报纸成为“上班路上最忠实的伙伴”。

所谓门户网站，是指提供某类综合性互联网信息资源并提供有关信息服务的应用系统。对于大众传媒而言（还有些门户网站与大众传媒无关，如淘宝、京东、苏宁易购等提供商品销售信息的电子商务平台），门户网站主要是指那些能够通过网络实现传统大众传媒（如报纸、杂志、电视、电台等）信息传播功能的互联网信息综合服务平台，比如以新闻咨询为主的凤凰网、和讯网，以视频播放为主的优酷、爱奇艺等，以政府信息发布为主的各地政府网站，当然也包括综合性门户网站，如搜狐、新浪等。这其中有些门户网站是互联网兴起过程中新产生的大众传媒，也有些门户网站是原有报纸、电台、电视台等大众传媒的转型或扩展，比如人民网是人民日报主办的门户网站、央视网是中央电视台主办的门户网站。所谓搜索引擎，是指根据用户需求与一定算法，运用特定策略从互联网检索出指定信息反馈给用户的一门检索技术，它服务互联网海量信息环境下目标信息类型的快速检索，基于互联网的所有大众传媒类型都会或多或少地提供这一检索服务。将搜索引擎列为大众传媒的一个类型是因为某些互联网运营商以其强大的检索功能成为人们互联网使用不可替代的工具（如百度、Google）。按照伯纳德·科恩（1963）的“议程设置理论”，搜索引擎的排名和推荐（“热搜”）在今天以互联网为中心的大众传媒时代就具有中心作用，这些人们普遍使用的搜索引擎也就当然地属于大众传媒。笔者认为，不仅专业的搜索引擎应放在大众传媒之列，包括抖音、新浪微博、知乎等很多社交媒体平台，由于其站内搜索的同时具有“议程设置”功能，也应放在大众传媒中进行分析。所谓 App，即手机应用软件的英文缩写。随着智能手机的日益普及，人们在沟通、社交、娱乐等活动中越来越依赖手机 App 软件。作为大众传媒的手机 App，是指那些在手机上承担门户网站功能，直接将受众带入某个大众传媒的专用软件。目前几乎所有具有一定规模的门户网站均已开发了与其内容相适应的手机 App。手机 App 大众传媒的出现往往将目标受众锁定，搜索引擎的大众传播功能有所下降。根据我国工信部统计数据，2018 年我国市场上监测到的移动应用程序数量净增42万款，总量已达到449万款。

随着智能手机的全球化普及，门户网站、搜索引擎和App等基于互联网和移动终端的大众文化传播形式已经成为“丝绸之路经济带”沿线各国和地区文化传播的主要途径，如何依靠和利用这些大众传媒应成为推进“丝绸之路经济带”文化交流的关键内容。

（三）“丝绸之路经济带”基于户外广告的文化传播及其发展情况

城镇化是现代经济发展的必然趋势，城镇化的推进将户外广告这一原本无足轻重或者根本称不上大众传媒的文化传播方式带入了我们的视野。见表3-4。

表3-4　1960—2016年世界部分国家城镇化水平　　单位：%

国家	1960年	1965年	1970年	1975年	1980年	1985年	1990年	1995年	2000年	2005年	2010年	2015年	2016年
英国	78	78	77	78	78	78	78	78	79	80	81	83	83
法国	62	67	71	73	73	74	74	75	76	77	78	80	80
德国	71	72	72	73	73	73	73	74	75	76	77	77	77
意大利	59	62	64	66	67	67	67	67	67	68	68	70	70
美国	70	72	74	74	74	74	75	77	79	80	81	82	82
日本	63	68	72	76	76	77	77	78	79	86	91	91	91
澳大利亚	82	83	84	85	86	86	85	85	84	85	85	86	86
俄罗斯	54	58	62	66	70	72	73	73	73	73	74	74	74
巴西	46	51	56	61	65	70	74	78	81	83	84	86	86
阿根廷	74	76	79	81	83	85	87	88	89	90	91	92	92
墨西哥	51	55	59	63	66	69	71	73	75	76	78	79	80
印度	18	19	20	21	23	24	26	27	28	29	31	33	33
孟加拉国	5	6	8	10	15	17	20	22	24	27	30	34	35
越南	15	16	18	19	19	20	20	22	24	27	30	34	35
印度尼西亚	15	16	17	19	22	26	31	36	42	46	50	53	54
菲律宾	30	32	33	36	37	42	47	47	46	46	45	46	46
南非	47	47	48	48	48	49	52	54	57	60	62	65	65

续表

国家	1960年	1965年	1970年	1975年	1980年	1985年	1990年	1995年	2000年	2005年	2010年	2015年	2016年
中国	16	18	17	17	19	23	26	31	36	43	49	56	57
蒙古国	36	42	45	49	52	55	57	57	57	62	68	68	68
马来西亚	27	30	33	38	42	46	50	56	62	67	71	74	75

资料来源：世界银行。

城镇化带来的人口密集和人们对通勤工具、通勤方式的依赖使得大部分人日常生活状态呈现出“住宅小区—交通工具—道路—办公区”周而复始的空间循环。集中的户外视觉注意空间为户外广告成为大众传媒创造了条件。由表3-4可知，与发达国家城镇化水平维持在一个稳定状态不同，广大发展中国家正在经历着一个快速城镇化的过程，这一过程中户外广告的文化传播作用将会越来越大。“丝绸之路经济带”沿线国家以发展中国家为主体，推进“丝绸之路经济带”共建正可以借助这一在本地区日益兴起的大众传媒途径。如图3-9所示。

图3-9 公交车站的公益广告

（四）"丝绸之路经济带"基于书籍、舞台演出和文博展览的文化传播及其发展情况

尽管报纸、杂志在大众传媒中的作用已经日渐降低，但书籍作为人类历史上大众文化传播最有效的载体（不论是印刷术出现之后的中国，还是古登堡印刷术出现后的欧洲），依然在今天民众生活中发挥着重要作用。到目前为止，书籍依然是人类记录经验（包括科学技术、历史经验和社会规范）和抒发情感（包括文学、美术、音乐等一切可以用符号、形象和文字表达的内容）最重要的方式。书籍在大众传播中的作用并不因经济发展水平提升而下降。相反，西方发达国家不论图书出版规模还是质量都在全球居于领先地位，而我国随着经济发展水平的提升，图书出版规模也排在了世界前列（见图 3-10）。"丝绸之路经济带"共建中书籍的大众文化传播功能仍然十分重要。但书籍在跨境文化传播中存在较为突出的语言障碍，也因此导致了近年来我国出版物出口额基本原地踏步，根据国家新闻出版广电总局发布的《新闻出版产业分析报告》，该指标从 2012 年到 2017 年仅增长了 1290. 8 万元，年均增长率不超过 2. 5%。

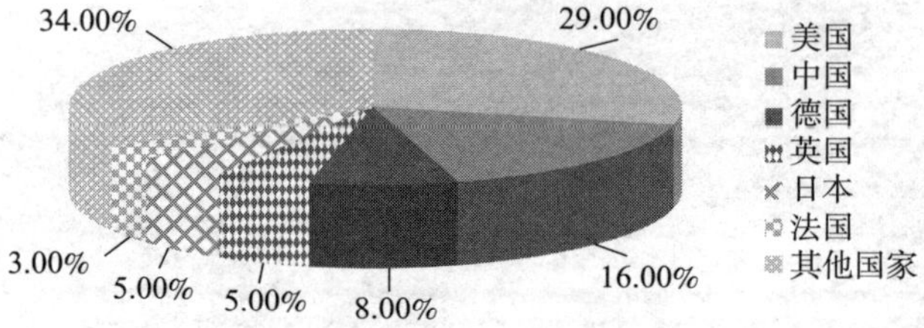

图 3-10　2018 年全球主要出版市场国家份额

资料来源：智研咨询《2019—2025 年中国图书出版行业市场全景调研及投资前景预测报告》。

包括话剧、戏曲、歌剧、演奏会、演唱会和舞蹈在内的舞台演出在人类历史的大众文化传播上曾经发挥过关键的作用，关汉卿和莎士比亚都曾是大众心中的文化的代言人。今天这些大众文化传播形式尽管相较历史上曾经的辉煌已经略显暗淡，但在人类的文化生活中仍然有着不可替代的作

用。舞台演出包含丰富的历史文化传承，是世界非物质文化遗产重要的载体形式，特别是对于容纳人类历史多元文明——“丝绸之路经济带”共建更是如此。由于可复制性低、表演成本高且一般节奏较为缓慢，传统舞台演出（如戏剧、歌剧、芭蕾舞等）不论是在跨境表演中还是境内表演中都面临相同的困难，由于受众群体较小，其影响范围仅限于文化艺术的专业人士和爱好者。受众较为庞大的演唱会和话剧等由于语言障碍则一般表演地域限定在境内。国家统计局数据显示，2017 年我国艺术表演团体演出场次为 293.58 万场，而其中赴海外演出只有 1.43 万场，占比不足 5‰。

四、基于组织传播的“丝绸之路经济带”文化交流的主要形式

所谓组织，是指有明确的目标导向和精心设计的结构与有意识协调的活动系统，同时又同外部环境保持密切联系的社会实体。组织传播就是组织成员之间、组织内部机构之间、组织与更大的社会环境之间的信息交流和沟通。具体来说，组织传播是由各种相互依赖的关系结成的网络，为应付外部环境的不确定性，也是为了完成组织目标而创造和交流信息的过程。组织传播既是保障组织内部正常运行的信息纽带，也是组织作为一个整体与外部环境保持互动的信息桥梁。因此，组织传播包括组织内传播和组织外传播两个方面，两方面各具特点并且功能不同。组织内传播是指信息沿着一定组织活动关系（部门、职务、岗位以及其隶属或平行关系）环节在组织内流通的过程，其功能在于内部协调、指挥管理、决策应变和形成共识。组织外传播是指组织与外部环境进行信息互动的过程，其功能在于改善组织的生存发展环境、谋求组织间的合作空间，包括信息输入与信息输出两个方面，实现组织外传播的部门分为信息输入部门和信息输出部门。组织传播同样在跨文化传播中具有重要功用。

“丝绸之路经济带”基于组织传播的文化交流主要通过政府、国民教

育体系、跨境经营公司、跨境电商平台、孔子学院、政府派出机构和民间友好机构等多种形式实现。

（一）“丝绸之路经济带”基于非政府组织的文化传播及其发展情况

在一般的文化传播中，教育机构有着最为广泛的社会影响力，并且越是随着人类历史发展，越是文明的社会，教育机构在文化传播中的影响力越大。基础教育是人的社会化的最重要阶段之一，今天人类的基础教育时间已经超过了人类历史的任何阶段，高等教育和职业教育已经不仅在发达国家而且在我国这样的发展中国家日益普及。不论从人数规模还是从资金使用量来看，教育机构均已经成为世界各国和各地区最为庞大的非政府组织。如图 3-11 和图 3-12 所示。

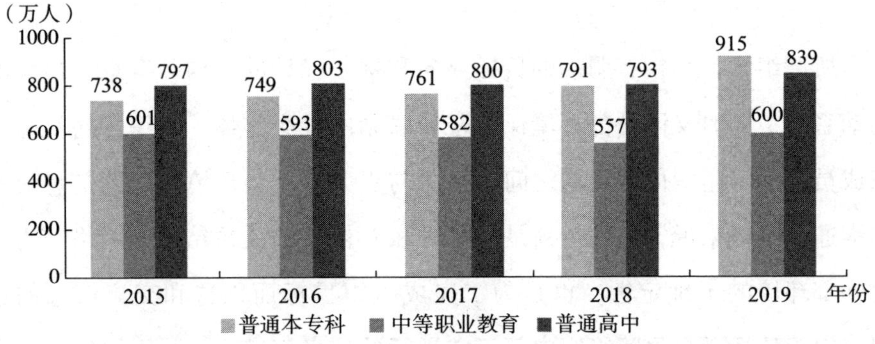

图 3-11　2015—2019 年我国基础教育招生人数

资料来源：国家统计局统计公报。

在跨文化传播中，国民教育体系毫无疑问地发挥着最基本的功能，不论是基础教育还是高等教育或职业教育，教育的内容很大一部分或者说绝大多数都来自本国之外的其他文化体系。不仅中国如此，世界各国皆是如此。人类作为一个共同体共享着全人类所共同创造的文明成果。在这一层面可以说国民教育所进行的正是跨文化传播。因此在国民教育中有机地融入异域文化的内容不仅能够丰富课堂教学内容，增强教学效果，还可以有力地推动不同文化之间的相互理解和融合。

除国民教育体系之外，为了推进跨文化传播，世界各国还会在他国设

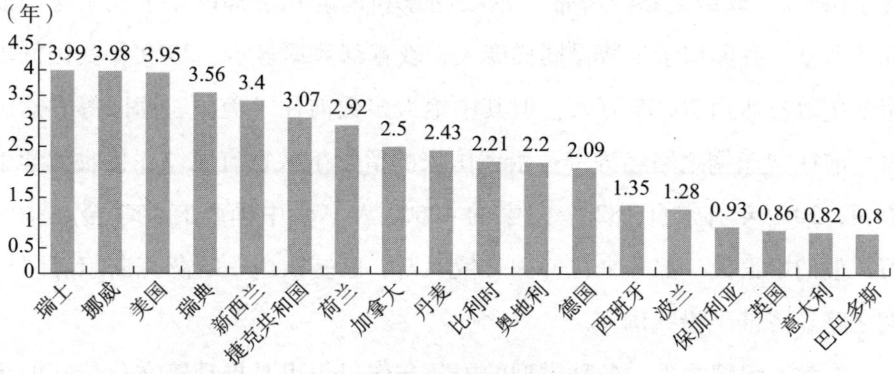

1870年世界部分国家人均受教育年限

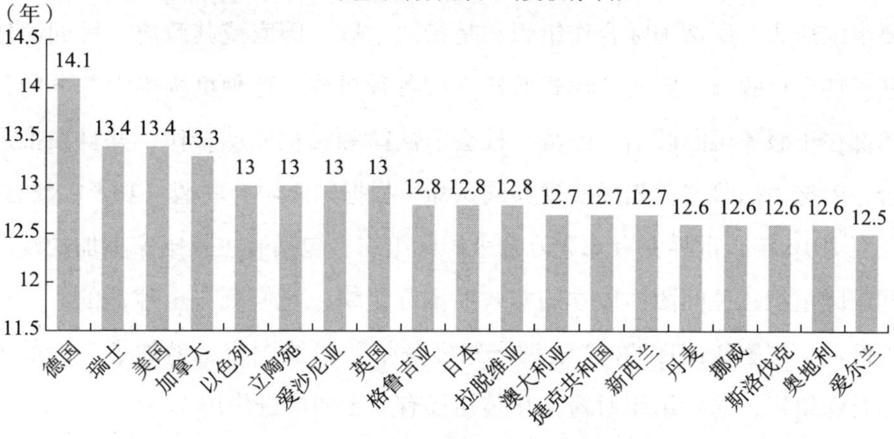

2018年世界部分国家人均受教育年限

图 3-12　1870 年和 2018 年世界部分国家 25 岁以上人群受教育年限比较

资料来源：联合国发展规划署。

立专门的跨文化传播机构并在高等教育阶段推进相互的留学生培养。它们的规模和影响尽管较之国民教育要小得多，但这种教育更为直接，是直接对异域文化的接触。孔子学院是我国与其他国家政府合作建立的非营利性教育机构，致力于满足世界各国（地区）人民对汉语学习的需要，增进世界各国（地区）人民对中国语言文化的了解，加强中国与世界各国教育文化的交流与合作，发展中国与外国的友好关系，促进世界多元文化发展。原国家汉办（中国国家汉语国际推广领导小组办公室）数据显示，截至 2021 年 1 月，我国已在 162 个国家和地区建立了 541 家孔子学院和 1170 个孔子课堂。“丝绸之路经济带”沿线国家和地区几乎都设立了孔子学院或孔子课堂。我国留学生数量同样庞大，教育部数据显示，2019 年我国派出留学生数量达到 70.35 万人，但其中绝大多数前往了美国、德国等发达国家，前往“丝绸之路经济带”沿线国家的留学生数量有限；在接收留学生方面，2019 年有来自 182 个国家的 40600 人享受中国政府奖学金在华学习，他们中很大一部分来自韩国、俄罗斯、巴基斯坦、哈萨克斯坦等“丝绸之路经济带”沿线国家。

在教育组织之外，各种类型的国际合作组织也是推动跨文化传播的重要组织形式。所谓国际合作组织，是指两个以上国家或其政府、民间团体基于特定目的以一定协议形式而建立的各种机构。这种机构绝大部分的目的都在于服务国际政治、经济、社会、法律和文化领域合作，并且在推进合作中努力消除文化隔阂实现共同认知。根据国际协会联盟（UIA）数据，截至 2016 年，世界上有 6.2 万余个国际组织，包括有主权国家参加的政府间国际组织、民间团体成立的非政府国际组织，它们既有全球性的，也有地区性、国家集团性的。“丝绸之路经济带”沿线国家也参加了广泛的国际合作组织，这些组织对跨文化传播具有一定的推进作用。

（二）“丝绸之路经济带”基于政府组织的文化传播及其发展情况

政府因为在社会中不同于其他组织的权力赋予而十分特殊，它可以在一定程度上管理和安排其他各类组织，不论是营利性企业还是非营利性的社会组织，政府由此拥有了任何其他类型组织都不具备的社会资源配置能力和目标任务执行能力。在文化传播方面政府具有广泛的参与性，这既是源于政府的社会秩序维护功能，也是源于政府的社会发展推进功能，政府不仅通过其行政和司法体系设定了社会文化不可逾越的边界（如国家广播电视总局、国家新闻出版署等机构履行的对大众传播监管职能，国家市场监督管理总局、国家民政局等机构对组织传播履行的监管职能），还通过宣传体系和财政支持引导着社会文化的走向（如制作国家大政方针的宣传片和社会价值观的公益广告以及设立研究课题）。除了以上政府的组织外文化传播行为，政府作为一个自上而下的严密组织机构也当然存在具有普遍影响的组织内文化传播——通过学习上级精神和设定制度，达到逐级贯彻、有效行政的根本目的。

尽管在跨文化传播中政府不再享有动员他国各类组织的绝对权力，但这并不意味着政府在跨境文化传播中的作用有所下降。恰恰相反，由于政府具有的对外群体代表性，它在跨文化传播中较之国内文化传播更为重要。政府在跨文化传播中非常重要的另一个关键因素还在于文化传播的原动力是社会自发的人际传播（最具代表性的是家庭等初级社会群体），而这一点在跨境文化传播中被文化体系和行政设置所中断，替代人际传播作为跨文化传播原动力的只能是政府。只有政府才能站在整个国家的角度投资营利性企业不愿投资而非营利机构又没有财力投资的跨文化宣传和跨文化推广，只有政府能够以对等的身份与他国政府合作开设域外文化传播机构，在对方教育体系内设置文化课程以及设立留学生资助项目。政府对于科教文卫专家国际合作的组织能力也是任何其他机构都无法替代的。

以上论证了政府组织在跨文化传播中的能力，但政府是否有意愿进行跨文化传播还取决于这一传播对本国和本地区发展是否有利。对于“丝绸之路经济带”共建而言，跨文化传播则不仅是有利，而且是决定性的，正如前文所详细论证的结论——文化交流是“丝绸之路经济带”共建的灵魂和动力，跨文化传播应当也必然成为沿线各国和地区政府在“丝绸之路经济带”合作发展中的首要工作。

（三）“丝绸之路经济带”基于企业组织的文化传播及其发展情况

作为社会组织，企业的特征是以营利为基本目标。企业组织中的文化传播也通常围绕这一目标展开，因此单纯只在一国之内经营的企业并不涉及跨文化传播功能，只有跨国企业、存在跨国投资业务的企业或者需要实现跨国管理的平台型企业，在企业组织内部才会存在跨文化传播。随着“丝绸之路经济带”沿线国家和地区经贸往来的增加，企业的跨国经营行为正在逐步增加，但整体数量仍然十分有限，而电商平台（如淘宝、京东等）在"丝绸之路经济带"沿线国家仍未开放。当前基于这一方式的跨文化传播在"丝绸之路经济带"的影响还很小。

对于"丝绸之路经济带"共建而言，发挥更大作用的则是企业这一组织围绕沿线国家和地区"本地市场效应"和中小宗贸易业务开发中的文化传播，即企业的组织外文化传播。2008 年美国金融危机之后，世界经济开始呈现出背离英美主导海洋经济一体化的趋势。围绕"本地市场"开展的中短途和中小宗贸易在国际贸易中的比重日益提升。这也正是"丝绸之路经济带"提出与受到沿线国家和地区普遍欢迎的根本原因。中欧班列的日渐繁荣，以及我国小商品集散地——义乌在中欧班列中的突出性都对这一理论预见给予了有力的现实支持。"本地市场"开发就需要企业尊重"本地"的文化，生产"本地"人喜闻乐见的产品，用"本地"人的语言讲述所要营销产品的故事。因此，基于企业的组织外文化传播尽管十分重要，但并不需要政府外在赋予动力，企业自身因为利益驱动有着强有力的动力去了解异域文化、去用异域语言讲好自己的生产故事，它们想要的只是政府和教育机构能够提供给它们更多的关于目标地区的文化培训。见图 3-13 和表 3-5。

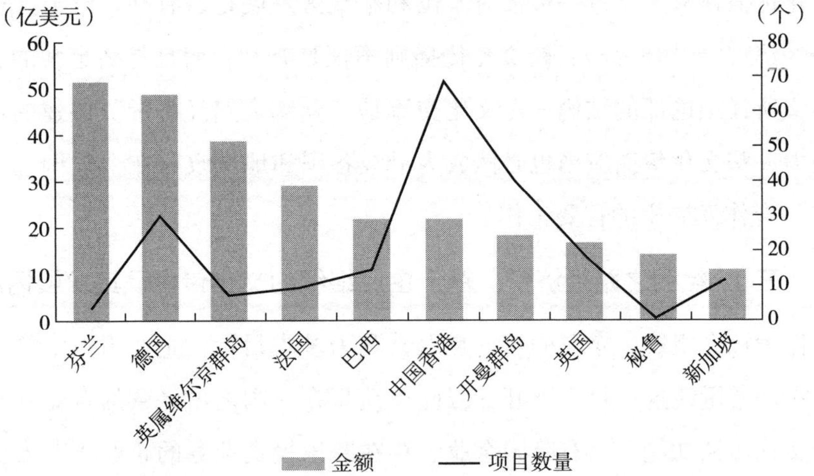

图 3-13　2019 年中国企业对外投资十大目的地

资料来源：商务部《2019 年度中国对外直接投资统计公报》。

表 3-5　部分中欧班列线路信息

国际班列	途经国	重要货物种类
郑州—汉堡/慕尼黑	哈、俄、白、波、德	纺织品、汽车配件、工程机械、医疗器械、电子产品、烟酒食品等
郑州/武汉—汉堡	蒙、俄、白、波、德	服饰、文体用品、工艺品、机械零件等
成都—罗兹	哈、俄、白、波	农产品、机械设备、食品酒类、电器设备、汽车及零配件等
成都—纽伦堡	哈、俄、白、波、德	农产品、机械设备、食品酒类、电器设备、汽车及零配件等
成都—蒂尔堡	哈、俄、白、波、德、荷	蔬菜、水果、服装鞋帽等
成都—莫斯科	蒙、俄	蔬菜、水果、服装鞋帽等
武汉—明斯克/昆采沃/汉堡	俄、白、波、德	电子产品、服装、机械及医用产品
武汉—帕尔杜比采/罗兹/汉堡/杜伊斯堡	哈、俄、白、波、捷、德	电子产品、服装和机械配件等
重庆—杜伊斯堡	哈、俄、白、波、德/蒙、俄、白、波、德	化工品、食品、服装、家具、机电
重庆—切尔科斯克	俄	食用油、纸浆、水果、汽车
义乌—马德里	哈、俄、白、波、德、法、西	空调、机械配件、服装布料、汽车配件、电动工具等
义乌—明斯克	俄、白	日用小商品、服装、箱包、五金工具、电子产品等
义乌—车里雅宾斯克	俄	日用小商品等
义乌—伦敦	哈、俄、白、波、德、比、法、英	母婴用品、软饮料和维生素产品等
义乌—布拉格	哈、俄、白、波、捷	布匹、服装鞋帽类、装饰用品等
西安—汉堡	哈、俄、白、波、德	日用小商品等
西安—布达佩斯	哈、俄、乌、匈	母婴用品、软饮料和维生素产品等
苏州—华沙	俄、白、波/蒙、俄、白、波	电子产品、汽车零部件等
长春—施瓦茨海德	俄、白、波、德	轮胎、木制品、工业机械、化工产品、金属制品等
天津—莫斯科	俄/蒙、俄	机电设备、服装、纺织品、电子产品、家电、汽车配件等

续表

国际班列	途经国	重要货物种类
连云港—伊斯坦布尔	哈、阿、亚、格、土	显示器、扬声器等电子产品
乌兰察布—莫斯科	蒙、俄	工程机械、汽车配件、服装鞋帽、草原特产、数码产品等
长沙—汉堡	哈、俄、白、波、德/蒙、俄、白、波、德	电子产品、纺织品、五金用品等
广州—莫斯科	俄	电子产品、鞋和玩具等
厦门—汉堡	哈、俄、白、波	显示器、打印机、LED 灯条、服装鞋帽等
厦门—莫斯科	蒙、俄	服装鞋帽、石材、机械、玩具、日用化工品、纺织品、建材等
厦门—莫斯科/华沙/明斯克/杜伊斯堡	俄、白、波、德	现代花岗岩石制品、前铲装载机、发光二极管灯泡

资料来源：“一带一路”国家级信息服务平台“新华丝路”。

以上关于企业组织跨文化传播的讨论只是一般的经营性企业，而在国际往来中还有一种特殊的企业——文化企业，它们存在的意义就是跨文化传播。它们往往与大众传媒结合，通过生产和营销文化产品赚取盈利。近年来，与文化企业在国内市场的蓬勃发展相比，受困于文化差异的阻碍，以“丝绸之路经济带”跨文化传播为主要经营业务的文化企业发展缓慢，特别是在出口领域，不论是演艺娱乐业、工业美术业，还是影视制作业，均是如此。以文化企业的文化产品生产推动“丝绸之路经济带”跨文化传播目前还需要政府的大力扶持。

五、基于群体传播的“丝绸之路经济带”文化交流的主要形式

群体传播是社会群体成员之间发生的信息传播行为，表现为一定数量的人按照一定的聚合方式，在一定的场所（或虚拟空间）进行信息交流。群体是社会性所决定的人的必然存在方式，它具有满足个人信息需求、提供展现个人才干平台和建立个人社会安全感等多种功能。群体因成员的共

有特征（如性别、年龄、文化程度、社会观念、兴趣受好、心理特征等）或共有目标而建立，较之人际交往在信息传播上更具针对性，很容易发生相互交流。群体的规模有大有小，不同的群体具有不同的特点，但不论何种群体，在传播活动中其成员都要受群体形成的规范调节和制约，保持大致统一的行为目标和认知结构。群体信息传播不但形成群体规范，产生群体压力，还由此引起遵从心理和遵从行为。

“丝绸之路经济带”基于群体传播的文化交流主要通过特殊的文化桥梁群体（如海外华人华侨群体）和构建跨境专家交流平台等多种形式实现，随着互联网社区的发展和成熟，基于网络虚拟空间的跨境社会群体在文化交流中的影响也越来越大。

（一）“丝绸之路经济带”基于海外华人华侨群体和少数民族群体的文化传播及其发展情况

面对面的人际交往在一国之内是最为普遍的人际文化传播形式，但国境阻隔使得跨境交往在大部分民众中并不常见。这一情况对两个特殊群体依然存在例外。这两个例外分别是：其一，海外华人华侨与祖国同胞的跨境交往；其二，沿边群众和部分少数民族群众与他国同民族、同语言或同宗教人群的跨境交往。第二个例外的两种情况在我国边境地区还多有重合，比如我国内蒙古自治区与蒙古国既在边境上相邻，内蒙古自治区的蒙族同胞与蒙古国的蒙族也属于同一民族，类似的情况还有吉林与朝鲜接壤的朝鲜族自治州以及该自治州的朝鲜族同胞，等等。两种例外情况事实上就是两座跨境人际文化传播的桥梁，一座架在国外，由海外华人担当；另一座架在国内，由与国外人口属于同一民族或者共享着一种语言、信奉着一种宗教的少数民族同胞和沿边地区同胞担当。

海外华人华侨与祖国同胞血脉相连，是中华民族的重要组成，是实现中华民族伟大复兴的重要力量。习近平总书记说：“团结统一的中华民族是海内外中华儿女共同的根，博大精深的中华文化是海内外中华儿女共同的魂，实现中华民族伟大复兴是海内外中华儿女共同的梦。”尽管海外华人中部分人国籍已经发生了变化，但在文化认同和文化习惯上绝大部分华人还传承着中华文化。作为生活在异域文化中的庞大群体，一方面因之于血缘姻亲和文化同构，他们与祖国同胞跨境交流频繁；另一方面他们常年生活于国外，在日常生活中会与大量对中华文化陌生的外国人进行人际交流。他们对于中华文化的海外人际传播具有无可替代的重要作用。根据国务院侨务办公室2011年发布的数据：2007年至2008年间，海外华人华侨人口已达4543万人，到2011年约为5000万人，其中超过70%生活在马来西亚、泰国、印度尼西亚等东南亚国家。2006年至2007年间，在美国的华人华侨总数达200.7万人，在加拿大的华人华侨总数达76万人，在澳大利亚的华人华侨总数超过30万人。截至2009年年底，在日本和韩国的华人华侨总数则分别达到68万人和59万人。据中国华人华侨研究所编撰的《世界侨情报告（2020）》统计，截至2019年，美国华人华侨已超过500万人，日本华人华侨超过100万人，意大利华人华侨约30万人，西班牙华人华侨约19万人。此外，英国、德国以及部分加勒比海地区国家也都有着众多的华人华侨。海外华人与祖国的联系自不必多言，从辛亥革命、抗日战争到新中国建设、改革开放，从黄兴、陈嘉庚到容国团、钱学森，不论哪个时代，祖国的建设都包含着海外华人华侨真诚的奉献，海外华人对祖国的贡献彪炳史册！近年来，随着我国国门的进一步开放和国家国际化发展的不断推进，海外华人华侨回国的频次也不断增加。这就使得基于海外华人华侨跨境人际文化传播形式在当前不仅已经广泛开展，而且规模和频次都保证了这种文化传播形式仍然具有非常大的推动潜力。

在“丝绸之路经济带”沿线上，同样有着数量庞大的海外华人华侨，除了前文提到的华人华侨较为聚集的西欧地区，中亚、东中欧、非洲以及俄罗斯、乌克兰等国也都有着数量庞大的华人华侨。据国务院侨务办公室庄国土教授主持的课题统计，到2008年，中亚国家约有60万少数民族华人华侨，哈萨克斯坦有侨胞约30万人，其中维吾尔族约22万人，回族约

2 万人，东干人约 5 万人；吉尔吉斯斯坦现在约有各族侨胞 16 万人，其中维吾尔族约 4 万人，回族（含东干人）约 10 万人，汉族、哈萨克族、乌孜别克族、柯尔克孜族各约 2 万人。到 2008 年，中东华人华侨总数超过 40 万，其中伊朗的华人华侨 3000～4000 人，以色列的华人华侨 10000～25000 人，埃及的华人华侨 4000～5000 人，阿联酋的华人华侨 10 万～15 万人，沙特阿拉伯的华人华侨 15 万～18 万人，土耳其的华人华侨 6 万～8 万人；中东维吾尔族华人华侨 20 万人，哈萨克族华人华侨 2.5 万人，回族华人华侨 2 万人，汉族华人华侨 15 万人。不难看出，“丝绸之路经济带”沿线国家和地区华人华侨不论从数量还是分布上都具备了为“丝绸之路经济带”共建搭起文化传播桥梁的基础。

我国地域广阔、国境线绵长，与国外接壤的省（区）就有辽宁、吉林、黑龙江、内蒙古、甘肃、新疆、西藏、云南、广西 9 个，其中 4 个是少数民族自治区。沿边地区在跨境交往中与周边国家和地区接触的密切性决定了它们在国家发展中具有特殊地位。自 1992 年起，我国政府就开始推动以跨境交往为动力源的沿边开放，并将其分为 3 个层次：①开放同周边国家接壤的省（区）（黑龙江、吉林、辽宁、内蒙古、甘肃、新疆、西藏、云南、广西）的省会、首府城市，使之成为沿边地区扩大对外开放的依托。②开放边境市、县、镇并设立边境经济合作区，先后有黑河、珲春、满洲里、丹东、伊宁、塔城、博乐、凭祥、东兴、瑞丽、畹町、河口、二连浩特、绥汾河 14 个边境市、县、镇开放并设立国家级边境经济合作区。③开放边贸口岸和边民互市市场，先后开放边贸口岸 200 多个、边民互市市场近 300 个。目前，我国的沿边开放已初步形成以沿边地区的省（区）中心城市为依托、以边境城市和边境经济合作区为重点、以开放口岸为前沿，面向东北亚和中亚以及东南亚市场的多层次的开放格局，对发展与周边国家（地区）的经济贸易和睦邻友好关系、繁荣少数民族地区经济发挥了积极作用。对于“丝绸之路经济带”共建而言，这些沿边开放地区所毗邻的国家和地区（包括朝鲜、俄罗斯、蒙古国、哈萨克斯坦、吉尔吉斯斯坦、塔吉克斯坦、巴基斯坦等）都是沿线重要的合作伙伴，沿边地区的跨境交流对“丝绸之路经济带”人际文化传播有着重要作用。

少数民族与汉族共同组成了中华民族的大家庭，共享着伟大的中华文明，共同铸就着中华民族共同体。根据2010年第六次全国人口普查，我国少数民族人口共计10643万人，占全国人口的8.41%，主要分布在黑龙江、吉林、辽宁、甘肃、云南、内蒙古自治区、新疆维吾尔自治区、西藏自治区、广西壮族自治区等边疆地区以及四川、贵州、青海和宁夏回族自治区等西部地区。在我国众多少数民族中有很大一部分与“丝绸之路经济带”沿线国家和地区的人民属于同一民族或者共享着一种语言、信奉着一种宗教，在文化上具有较大的共通性。如前文所述，我国蒙古族人民与蒙古国大部分人民民族相同，我国的朝鲜族同胞与朝鲜和韩国大部分人民也是同一民族，我国宁夏广大回族同胞与中亚和中东地区人民有着相同的宗教信仰。这些同胞与同民族、同语言、同信仰的他国人民之间的跨国人际交流相对他人而言无疑更加密集，他们一方面已经将中华文化内化为自身行为，另一方面又与国外人民共享了同样的民族文化或宗教文化，他们在跨国人际交往中完全可以充当起连通我国与“丝绸之路经济带”沿线国家的文化传播桥梁。

（二）“丝绸之路经济带”基于跨境专家交流平台构建的文化传播及其发展情况

所谓“专家”，是指在某一领域具有专长的个人。如果说文化的中心是经验，专家就是经验的集中传承者。专家与公众最核心的区别就在于他们在自己的专门领域已经将自发经验转化为自觉经验、将感性经验上升为理性经验，他们对新的经验更加敏感，更能够把握到在自己专门领域新经验对社会发展的重要意义。特别是在大众传播时代之后，信息的传播数量和传播速度都呈现几何级数的增长，人们受制于理性计算能力的匮乏（西蒙，1955），在信息处理和信息决策上对专家意见的接受程度越来越高

（卢俊，2009），他们在大众传播中的作用已经完全可以类比拉扎斯菲尔德（1940）在人际传播中所提出的“意见领袖”。

专家群体之间的相互交流和信息传递是整个社会最具交流效率的文化传播行为。专家交流对于跨文化传播而言相较一个文化系统的文化传播更为重要，这是因为：其一，跨文化传播由于文化和行政阻碍本身难以发生，更需要交流效率；其二，不同的文化系统会表现出更多的差异化经验，更需要专家去敏锐地把握。

搭建跨境专家交流平台的形式主要包括两种：一是由不同国家和地区的专家组建跨境社会团体，有利之处是群体成员和交流时间相对固定，便于推进跨文化传播，缺点在于因为涉及国家和地区较多，社团的管理方难以协调；二是不定期召开专家会议，有利之处在于操作灵活，相对约束少，而不足在于难以保证群体活动的连续性。“丝绸之路经济带”文化多样性强且在科学技术上存在不均衡性，相较于世界其他地区更需要以专家交流的形式推进文化传播和科学技术进步。近年来，“丝绸之路经济带”专家交流日渐增多，已经开始对“经济带”跨文化传播发挥重要作用。本次新冠肺炎疫情期间，我国政府先后派出多个医疗专家团前往“丝绸之路经济带”沿线国家（如意大利、伊朗、巴基斯坦、塞尔维亚等），将中国的抗疫经验分享给他们的专家，极大地推进了这些国家的抗疫工作。

此外，随着互联网技术的普遍化和多样化，互联网社区的发展和成熟，基于网络工具和网络虚拟空间的社会群体跨境文化交流也越来越普遍。专家跨境交流的平台搭建可以建在网上或者建立专门的手机 App，海外华人华侨与国内的交流可以通过微信和 QQ，而视频会议也成为此次抗击新冠疫情国际专家合作最主要的交流形式。这些形式也为“丝绸之路经济带”基于群体传播的跨文化交流创造了便利条件。

第四章

文化交流推进“丝绸之路经济带”合作发展的可行路径

一、“丝绸之路经济带”跨文化传播路径选择模型的构建

文化传播路径是以文化传播目标为指向的文化传播形式组合。不同的文化传播形式因其自身特点限定，所针对的传播受众、所涉及的传播内容和所实现的传播效果都具有一定局限性，要实现全面有效的文化传播目标，就需要对多种不同类型的文化传播形式实现有机组合。由此可以得到一个基于文化传播类型的文化传播路径一般模型，在这一模型中文化传播路径可以依照不同的文化传播目标对文化传播形式进行任意组合，见图 4-1。

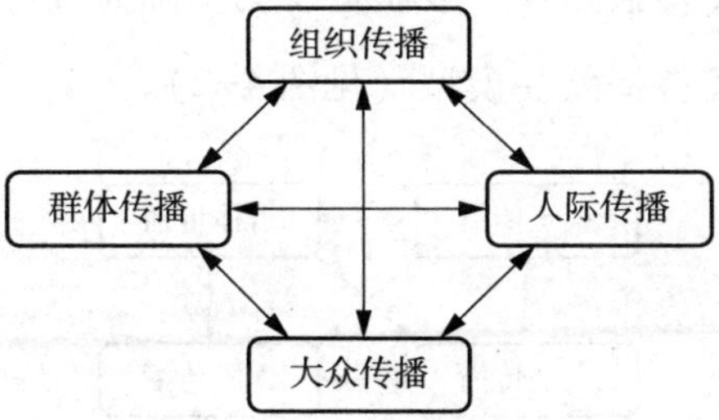

图 4-1 文化传播路径一般模型

在没有限定性文化传播目标时，每种类型的文化传播形式都既可以作为传播的起点，也可以作为传播的环节，并且在每一种文化传播类型之下又存在很多不同的传播形式，可能的文化传播路径数量难以穷尽。但我们一旦给这一模型限定了具体的文化传播目标，就可以基于此列出具体的文化传播路径。

跨文化传播具有明确的传播目标，特别对于“丝绸之路经济带”共建中跨文化传播更是如此，这就是推动沿线各国和地区的社会大众实现对他国和地区文化的普遍了解、增加相互认同，从而在相互文化尊重的基础上达成互利合作，即以相互的跨文化传播推进合作发展。这一目标与英美海洋经济一体化跨文化传播目标有着很大差别，后者的传播目标是强迫他国和地区执行以输出国文化为基础的贸易标准和大宗商品以及社会信用评价体系——金融制度，相互了解和彼此尊重此时完全没有必要。对于“丝绸之路经济带”的跨文化传播目标，人际传播、大众传播、组织传播和群体传播四种文化传播类型不再存在“文化传播路径一般模型”中的平衡性。由于传播目标将社会大众设定为传播受众，人际传播或大众传播就成为“丝绸之路经济带”跨文化传播路径上的必然一环；而组织传播与群体传播则通过培养“意见领袖”，构建“涵养空间”或搭建“传播桥梁”来实现对人际传播或大众传播的推动，它们往往是“丝绸之路经济带”上跨文化传播最为灵活而又最为关键的一环，实现着跨文化传播“跨”的那一步。当然，不论在何种条件下，不同类型的传播都存在相互影响和推进。由此，我们在“文化传播路径一般模型”的基础上就可以构建如下“丝绸之路经济带”跨文化传播路径模型（见图 4-2）。

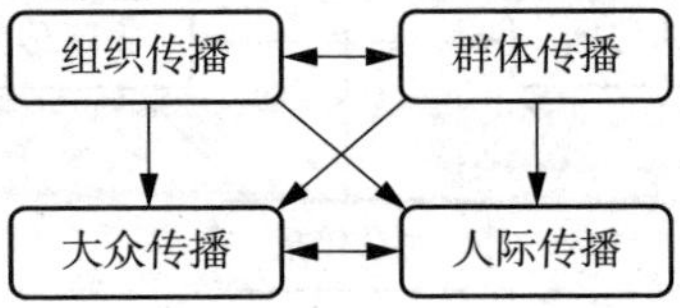

图 4-2 “丝绸之路经济带”跨文化传播路径模型

在该模型中，大众传播和人际传播是“丝绸之路经济带”跨文化传播不可缺少的基础环节（基于国民教育机构的组织传播是一个例外，因为当前普遍化的义务教育制度使得国民教育的受众几乎覆盖了全社会所有人口），而组织传播和群体传播作为推动后两种传播的关键力量发挥作用。在这一模型中，文化的传播路径相较任意组合的“文化传播路径一般模型”已大为减少。

进一步的“丝绸之路经济带”跨文化传播路径选择模型构建需要将“政府传播”从组织传播中单列出来，以凸显政府传播在“丝绸之路经济带”跨文化传播中的主动性和起始推动作用。政府传播即政府基于自身组织体系进行的组织传播。但这种类型的组织传播与其他企业、社会团体和教育机构等组织传播在性质、职能和作用上存在很大不同，这就是政府的权力属性决定了政府传播因配置资源的广泛覆盖性和组织机构的高度执行力而能够较好地动员起大众传播、人际传播、群体传播以及其他组织传播等一切传播方式来实现政府传播的目标。这种动员能力在国内表现为政府组织对大众传媒和其他各类社会组织的强约束力，在国外也表现为它以国家主权为担保的谈判力和以国家财政为支撑的资源支配力。或者说，政府传播是组织传播的一种极特殊的形式（程曼丽，2004）。但政府传播也具有组织传播一般的共性，如政府传播也包括组织内传播和组织外传播，每天中央电视台播放的《新闻联播》就是组织外文化传播，而党和政府组织党员和公务人员开展的二十大精神学习就是组织内文化传播。

将政府传播在“丝绸之路经济带”跨文化传播路径选择模型中单列理由有二：首先，跨文化传播与境内文化传播的差异至少在形式上起因于国家主权和国家管理效率而形成的针对个人、企业和社会组织跨境行为的行政管理约束；其次，跨文化传播所面对的迥异的文化系统是由于个人成长文化系统（初始社会化系统）差异所造成的语言体系、规则体系和价值观、认识论差异，是社会整体的差异，也是深入每个人价值观的差异，不可能依靠纯粹自发的、少量的跨境人际交往而实现跨文化传播的有效目标。但如前文所述，跨文化传播在“丝绸之路经济带”合作发展中不仅必不可少，而且是其“灵魂”。鉴于此，我们构建政府传播单列的“丝绸之路经济带”跨文化传播路径选择模型如下（见图4-3）。

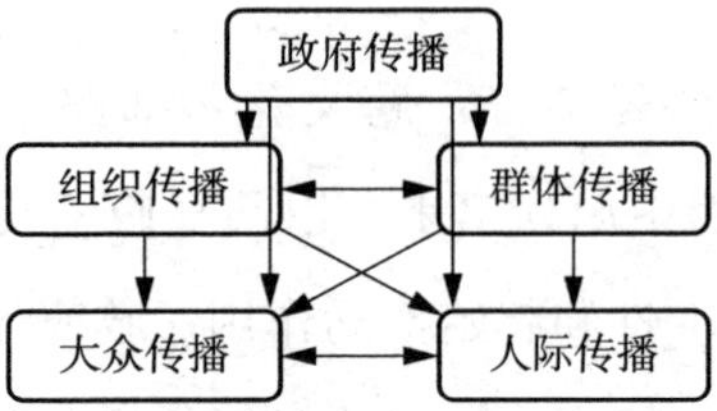

图 4-3 “丝绸之路经济带”跨文化传播路径选择模型

需要指出，基于国民教育机构的组织传播同样是该模型的一个例外，而该模型与“文化传播路径一般模型”和“‘丝绸之路经济带’跨文化传播路径模型”的区别不仅在于形式上在后者的基础上将政府传播从组织传播中单列，更重要的是，它强调了政府传播在“丝绸之路经济带”跨文化传播中的主体功能，它是“丝绸之路经济带”跨文化传播的起始动力，这是其他传播类型所无法具有的，这种文化传播的主体性构成了该模型与前两个模型的根本区别。政府传播的这种主体功能既取决于人际传播所面临的行政体制和文化系统差异等跨文化阻碍，也取决于“丝绸之路经济带”合作发展对文化交流这一内在“灵魂”的依赖。

二、“丝绸之路经济带”跨文化传播的可行路径

在构建的基于传播类型的“‘丝绸之路经济带’跨文化传播路径选择模型”的基础上，我们将前文分析的“丝绸之路经济带”文化交流主要具体形式纳入模型，进而可以列出“丝绸之路经济带”跨文化传播的可行路径。

（一）“政府传播—群体传播—人际传播”路径

该路径的实现需要三个环节，首先寻找实现群体传播的中介群体，其次政府对中介群体进行“文化涵养”，最后中介群体在目标社会中展开广泛的人际传播。支撑该路径第一个环节的理论基础是施拉姆的“共同的意

义空间”理论。通过寻找跨文化传播的中介群体，充分利用他们对两种文化系统人群均具有“共同的意义空间”这一特征，可以搭建起一个“施拉姆式”的跨文化传播桥梁（见图 4-4）。

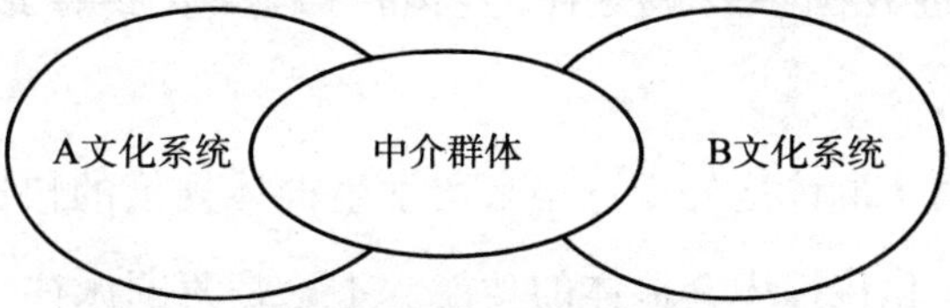

图 4-4　“施拉姆式”的跨文化传播桥梁

在图 4-4 中，中介群体在两个文化系统中均具有“共同的意义空间”，因此可以承担起文化的桥梁作用。在“丝绸之路经济带”构建中有两个群体符合以上中介群体的要求，他们分别是海外华人华侨群体和我国与“丝绸之路经济带”沿线国家共享民族文化或宗教信仰的少数民族群体以及一部分沿边群众。

支撑该路径第二个环节的理论基础是格伯纳（1967）提出的“涵化理论”。所谓“涵化”，即个体由于在社会群体文化中浸润而达到的文化传播目标。明确的社会群体可以为政府文化传播提供有的放矢的对象，政府可以通过在群体中进行广泛的宣传和给予定向的经济支持或文化表彰营造可以涵化该社会群体的文化氛围，从而实现政府文化传播目标。

该路径第三个环节的实施依赖中介群体在目标社会中的自发行为，是他们在文化浸润之后释放的一个过程：不论是海外华人华侨在异国他乡对祖国文化积极正向的宣传，还是他们把海外文化当中有益的内容带回祖国，都是这一环节的实施过程；抑或是我国少数民族同胞把中华民族的社会风貌和优良品德通过言行传递给他们的异国朋友，以及把异域风情分享给国内的同胞。

这一路径的特点在于充分利用了中介群体文化桥梁的功能，在“丝绸之路经济带”共建中我国有着数量庞大的海外华人华侨以及与沿线国家和地区共享民族文化或宗教信仰的少数民族群体，他们作为中华民族的重要组成部分无不心系祖国，在跨文化传播中具有极强的扩散功能，通过在他们之中进行文化宣传，将他们只有生活感知而难以表达的文化认知显化，毫无疑问是推进我国“丝绸之路经济带”跨文化传播最为重要的路径之一。

除了以上两个群体之外，近年来留学生群体规模的快速扩大也让这一群体具备了跨文化传播中介群体的功能。不论是我国派往“丝绸之路经济带”沿线国家，还是这些国家的学生来我国留学，留学生在留学期间长时间地文化融入都为他们架起文化桥梁创造了条件。

（二）“政府传播—群体传播—大众传播和人际传播”路径

该路径的实现同样需要三个环节。第一个环节是政府推动下跨国专家群体的形成，比如以政府为主导组建跨境基于某一专业领域或围绕某一专项问题的专家团体、通过政府搭建一个能够实现专家相互沟通的平台（或网络交流平台）以及政府组织一次专家访问考察，比如2020年新冠肺炎疫情期间，我国政府派往“丝绸之路经济带”沿线国家意大利、塞尔维亚、伊朗和巴基斯坦等国的抗疫专家团以及通过互联网会议的形式搭建起的跨国卫生专家讨论平台。第二个环节是定期或不定期的专家讨论，即专家之间的信息分享和研究互动，这是本路径跨文化传播的关键环节，专家将基于这种集中的群体传播过程形成向大众传播的跨文化信息。第三个环节是专家以“意见领袖”的形式推动交流成果的大众媒体传播和网络社区人际传播，即实现社会公众的跨文化认知，从而实现跨文化传播目标。需要说明的是，尽管“意见领袖”一词在学术上更多地使用在社区人际传播之中，但本书认为大众传播中发表意见的专家同样具有改变人们信息接收和信息决策行为的能力和外在表现，可以起到与社区“意见领袖”类似的功能，故在此处用“意见领袖”对两种传播中向公众传播跨文化信息的专家予以统称。

支撑该路径的关键理论是拉扎斯菲尔德（1940）的“意见领袖”理论以及赫伯特·西蒙（1955）的“有限理性”理论。所谓“意见领袖”，是指在文化传播中能够左右多数人态度倾向的少数人。“意见领袖”在传统社会中主要由长者、族长和教区牧师等具有一定社会威望的人承担，后来还包括一些热衷于社区公众事务的人士，而在现代社会中由于分工细化、信息数量急剧增加以及城镇化所带来的社会联系由熟人社会走向生人社会，他们更多地由活跃于大众媒体的专家承担，当然还包括近年来随着互联网发展而涌现的网络大V或大咖。本书赞同李良荣、张莹（2012）的观点，尽管网络大V或大咖产生于“去中心化”的网络虚拟社群中，但他们本身就是一个“再中心化”的结果，他们的微博或公众号粉丝数量已经使得他们所进行的文化传播行为与大众传媒上的专家无异。将“意见领袖”由“社区”人际传播转入“社会”大众传播的一个根本原因是人的“有限理性”，正是人们在信息处理中“思维带宽”短缺，才使得他们为了在信息化时代提高信息处理能力必须依赖各行各业专家领袖的意见。

对于这一路径中政府的关键作用以及专家交流在跨文化传播中的关键作用，本书已在群体传播形式和传播路径选择模型构建中分析，此处不再赘述。需要强调的是，在该路径中政府启动、群体互动和“意见领袖”推动三个方面环环紧扣，一个都不能被忽略。

（三）“政府传播—组织传播—人际传播”路径

结合“丝绸之路经济带”跨文化传播具体形式，该路径主要基于孔子学院和跨国经营公司等组织得以实现。从结构上讲，这一路径类似于“政府传播—群体传播—人际传播”路径中中介群体所搭建的“施拉姆式”跨文化传播桥梁，但在本路径中桥梁并不由一个社会群体搭建，而是由某些具有明确组织目的的社会组织所搭建。这些组织或者直接以跨文化传播为目的（如孔子学院），或者因为直接目的（谋求经营利润）而必须实施跨文化传播（如跨国经营企业），但它们的最终目的都是尽可能广泛地实现人际传播和社会公众的普遍认知。因此这一传播路径的三个环节都十分关键。

第一个环节是一个启动环节。孔子学院主要源自政府在人力、物力上的全力支持和教授内容上的方向指导，跨国经营企业的异域文化融入也非常需要政府在文化方面的指导和文化人才的培养。第二个环节是中心环节。孔子学院如何能够吸引更多的“丝绸之路经济带”沿线国家大众前来听课，课程是否能够达到跨文化传播效果、能否被直接受众理解并向周边人传播，解决这些问题十分关键；同样地，跨国经营企业需要它们的产品和服务被不同文化的用户所接受，如何实现产品本身和产品宣传的跨文化是其必须面对的问题。第三个环节是实现环节。孔子学院只是一个窗口，实现跨文化传播需要借助这个窗口到达社会大众，人际传播才能实现这一目标；同样对于跨国经营企业，初始的用户并不是目的，用户的口碑扩散才是经营取得最终成功的保证。需要注意，该环节是一个被动环节，无法主动控制，其传播效果完全取决于前两个环节，因此建立有效的反馈机制用以提升前两个环节传播效果就显得尤为重要。

（四）“政府传播—组织传播—大众传播”路径

本路径在政府跨境文化传播的各类文件和政策中被提及最多（在境内政府文化传播中提及最多的一般是文化监管），包括政府支持的艺术展演，图书和影视剧翻译、引进和输出，以及政府文化宣传材料（包括图书、影像）的制作和大众媒体（包括大V公众号、微博等平台）播放。支持这一传播路径的理论包括经典的子弹论（拉斯韦尔，1948）、传播劝说论（霍夫兰，1953）、使用—满足理论（布鲁卡姆和卡茨，1974）以及创新—扩散理论（罗杰斯，1962）等。尽管理论分析存在很多差异，但它们无一例外地都强调了大众传媒在文化传播上的强大正向功能。

之所以将本路径表述为三个环节，是因为跨区域文化传播对大众传媒本身的吸引力十分有限，尤其是在“丝绸之路经济带”沿线国家和地区并没有类似英美扩张过程中强弱分明的文化状态，在多元的异域文化中，尽管每一种对人们获取新知都有一定吸引力，但也并非生活所必需，特别是文艺展演、图书和影视剧等文化交流形式由于语言障碍和社会环境差异更是如此。政府通过投入人力、物力、财力的主动推动乃至直接参与文化宣传片创作构成了该路径的第一个环节，在创作中还应特别注意要用对方的语言讲述自己的故事。该路径的第二个环节是以文化企业或文化生产性非营利组织为中心的组织传播。文化产品的生产归根结底还需要文化生产性组织完成，不论是科学技术创新还是文艺作品创作。这些组织服务跨文化传播的生产性行为本身就是一个跨文化组织传播的过程。随着“丝绸之路经济带”的经济发展，文化产业在沿线各国和各地区都开始蓬勃发展，《中国文化及相关产业统计年鉴 2019》显示，2018 年我国文化及相关产业增加值已经达到 38737 亿元，占 GDP 比重达到 4. 3%，文化及相关产业法人单位达到 210. 31 万个。规模不可谓不庞大。但这其中从事“丝绸之路经济带”跨文化传播文化产品生产的单位还很少，如前文所引用材料，“丝绸之路经济带”跨文化传播所带来的文化产业产值还非常低。因此，这一环节的内容不仅包含政府推动下的文化生产性组织根据要求从事文化产品直接生产，还应包括文化生产性组织在政府的鼓励下积极主动地挖掘异域文化的跨文化传播价值，向大众跨文化传播提供更多产品。该路径的第三个环节大众传播环节也不应该被轻视，因为合理地选择大众传播形式及大众传播渠道同样对路径最终的实施效果具有决定性影响。近年来，驻外使领馆官方网站和 Twitter、Facebook 随着关注人数不断增加也日渐具有了大众传媒的性质，在文化宣传时可以合理地选择使用。

（五）“政府传播—大众传播和组织传播—人际传播”路径

基于前一部分关于“丝绸之路经济带”跨文化传播形式的分析，该路径的主要实现形式是政府推动下的跨境历史文化旅游。历史遗迹和人物风情提供了文化最为鲜活的载体，旅游古今中外都是人们获取新知的重要途径。旅游的人际文化传播、书籍的大众文化传播以及生产中的师徒传承在很长的历史时期都构成了成年人认知提升的主要途径。中国的民谚"读万卷书不如行万里路"就是对这一文化传播途径最精练的表达。中华文明是人类文明的重要组成，中国是古代丝绸之路的东方起点，而今天的中国更是世界第二大经济体和世界文化产业的重要支柱，以中国为目的地的旅游对包括"丝绸之路经济带"沿线国家和地区在内世界各地的人士都应当具有强大的吸引力；"丝绸之路经济带"沿线的国家和地区文化历史悠久、文明丰富多彩，沿线国家意大利、俄罗斯和伊朗更是位列世界文化遗产数量的前三位，其强烈的文化吸引力毫无疑问也会引起我国公众的强烈兴趣和踊跃行动；双向的国际旅游对"丝绸之路经济带"跨文化传播可以起到很好的推动作用。需要指出，尽管近年来我国赴"丝绸之路经济带"沿线国家和地区旅游人数以及沿线国家和地区赴我国旅游人数都有了较大幅度增长，但总体数量还都十分有限。究其原因，一个重要方面就是缺乏基本的相互了解，人们在国际旅游中更倾向于选择文化上较为强势也更为熟悉的北美和西欧。政府推动因此在本路径中不可缺少，它实现的是一种文化竞争，是在文化传播中进行的说服（霍夫兰，1953）。政府通过大众传媒或旅行社等企业组织对国家旅游热点开展广泛宣传，劝服人们宣传的地区正是符合他们内在心理要求的旅游目的地。

本路径可以分为三个环节：首先，政府的推动环节。政府通过直接制作旅游宣传或以财政补贴的形式支持文旅企业制作旅游宣传。其次是大众传媒（包括网络大V）和相关组织（如境内外旅行社）的宣传环节。对制作的文旅宣传进行播放和广泛讨论。最后是人际传播环节。社会公众通过国际旅游达到了跨文化传播的目的。不难看出，本路径本质上也可以归为"政府传播—组织传播—大众传播"路径的进一步延伸。

（六）"政府传播—组织传播"路径

最后一条路径是"'丝绸之路经济带'跨文化传播路径选择模型"的

一个例外，这就是政府推动的基于国民教育体系的文化传播。该路径包括两个方面：一是在本国国民教育中增加对其他国家和地区文化的介绍；二是通过政府间协商推动本国文化在国外国民教育中进行讲授。

这一路径包括两个环节，两个环节各有其重点。第一个政府传播环节的重点是政府在行政体系中需要正确认识到国民教育体系中包含跨文化传播的重要性，并切实在自身国民教育和他国国民教育中展开推行。在“丝绸之路经济带”共建中，对一个开放包容的社会和一个以相互尊重为基础寻求广泛合作的经济体而言，公众对异域文化茫然无知不仅会在合作中产生诸多障碍，还可能诱发保守的民粹主义社会倾向。第二个组织传播环节的重点是国民教育体系的教育实施，要达到这一目的，最为关键的是对教师的跨文化教育，一方面要强化教师关于本民族和本国文化的高度认同感，另一方面还要提升其对其他国家和地区文化的了解程度。只有两个方面同时做到，教师才能在对学生的讲授中做到对不同文化的客观认识、积极吸收和求同存异。

第五章

文化交流助推“丝绸之路经济带”合作发展具体路径专题研究

在前一部分基于传播类型构建的"'丝绸之路经济带'跨文化传播路径选择模型"和六个类型可行路径分析基础上，本部分在每个类型中选择非常重要的一个具体路径进行专题研究，详细分析这些文化交流形式推进"丝绸之路经济带"合作发展的机理、成效、问题和解决办法。其中"政府传播—群体传播—人际传播"路径选择了海外华人群体对中华文化的跨文化传播，"政府传播—群体传播—大众传播和人际传播"路径选择了本次抗击新冠肺炎疫情过程中专家群体的国际合作，"政府传播—组织传播—人际传播"路径选择了与"丝绸之路经济带"经贸合作高度契合的企业组织跨境电商平台的跨文化传播，"政府传播—组织传播—大众传播"路径选择了文化产业（基于人际传播的国际旅游除外）跨文化传播中的关键环节国际文化产品贸易，"政府传播—大众传播和组织传播—人际传播"路径选择了国际旅游的跨文化传播，"政府传播—组织传播"路径选择了高等教育的跨文化传播。除高等教育专题和国际旅游专题外，其他专题的名称均以每条跨文化传播路径的中间环节设定并在研究内容上以其为中心展开，以凸显跨文化传播中"文化桥梁"作用的关键性，对于每个传播路径的启动环节"政府传播"则主要放在政策建议中阐述。

专题一　海外华人文化交流助推"丝绸之路经济带"合作发展研究

海外华人是沟通我国与世界的文化桥梁，"丝绸之路经济带"沿线海外华人分布广泛、数量庞大，以海外华人为中介群体的"政府传播—群体传播—人际传播"跨文化传播路径当然地构成了中华文化在"丝绸之路经济带"传播的主要形式之一，研究这一跨文化传播形式的如何实现对"丝绸之路经济带"合作发展具有重要意义。

海外华人是中华民族的重要组成，是实现中华民族伟大复兴的重要力量。回顾近代历史，爱国海外华人的名字与我国每个时期的命运无不息息相关。伟大的民主革命先驱——孙中山先生称华侨是"革命之母"。从黄花岗七十二烈士中三分之一的华侨，到抗日战争中四万余人回国抗战，从八路军将军叶飞，到两弹元勋钱学森，中国的革命和建设无不与海外华人息息相关。从中国改革开放至 1997 年年底，中国累计批准外资投资企业 30.48 万多家，实际利用外资金额 2218.71 亿美元，其中海外华人的资金约占 70%，海外华人是中国改革的排头兵、急先锋、不可缺少的生力军。改革的总设计师邓小平指出："绝大多数华侨都是带着爱护和发展社会主义祖国这个愿望来的，与纯粹的外国投资者不同。"新的历史时期推进海外华人中华文化的跨文化传播不仅十分必要而且非常重要。习近平主席说："团结统一的中华民族是海内外中华儿女共同的根，博大精深的中华文化是海内外中华儿女共同的魂，实现中华民族伟大复兴是海内外中华儿女共同的梦。"2020 年突如其来的新冠肺炎疫情更强化了我们对中华文化的海外跨文化传播工作作用的认识，面对疫情冲击下世界部分国家和地区民族主义情绪的抬头，不同民族间文化的沟通工作在未来很长时间不仅对我国乃至对全世界都将变得尤为重要。

（一）文化认同感：新时代开展海外华人中华文化跨文化传播工作的基石

海外华人对中华文化跨文化传播的基础是民族意识，其中心工作在于使海外华人建立对中华文明的文化认同感，形成对祖国故土的精神归属感，树立中华儿女的民族自豪感。三个方面虽然内容和角度不同但密不可分，这其中文化认同感是根本，民族自豪感是动力，精神归属感是必然，只有在内心真正具有了本民族的文化认同，民族的历史成就和智慧宝藏才能激发起民族自豪感，也才能在更高的层面将自己的精神归属于中华，而精神的归属感与民族的自豪感一旦确立又会反过来强化文化认同，形成内在认知体系的良性互动。因此推动新时代海外华人的中华文化跨文化传播必然是以建立文化认同为工作中心，而以民族自豪感和精神归属感为工作目标。

1. 民族文化认同的内容

海外华人要认同什么样的民族文化？文化一词的抽象性使得提到“文化认同”会令对这一工作并不熟悉的人产生难以捉摸的感觉，甚至有意识形态被灌输的感受。事实并非如此，对于海外华人而言，中华文化从来都不遥远，这种文化贯穿于人们每天的衣食住行之中，举手投足之间都会散发出中华文化的魅力。笔者在美国生活期间对此进行了社会考察。以外出就餐为例：华人家庭常常是一个大家庭围坐一周，而欧裔白人的餐桌上总是两个人相对而坐。在对数名海滩散步的欧裔老人访谈中他们都谈到，最羡慕的就是华人老人，儿女住在附近，常常可以欢聚一堂。前 NBA 明星林书豪的国籍并非中国，除了海外华人的身份，他身上那种中华文化所熏陶出的儒雅更是令他在我国拥有大量粉丝。此次新冠肺炎疫情期间海外华人与欧裔人口对戴口罩截然不同的态度也是文化差异最为典型的例证。正如张明敏在《我的中国心》中所唱，“我的祖先早已把我的一切烙上中国印”。文化认同绝非强加给海外华人一套他们所不熟悉的价值观和方法论，而是将他们日常生活行为中并不起眼的点点滴滴显化为一种价值认同，使他们的文化行为从自发走向自觉，令他们知道他们的做事方法和价值选择不仅对自己可行、在海外指导他们取得了辉煌的成就，更是经过了数千年、数十亿人实践检验，取得过人类历史上最伟大的成就。在不具备民族文化自觉时，他们面对其他族裔人的不同文化行为或处事方式或者还犹豫不定，甚至萌发自卑，而有了民族文化认同后，他们会更加自信地坚持自己独特的文化行为并以之为傲。民族文化认同所带来的文化自觉首先是海外华人自身的生活快乐、家庭幸福和生命价值实现，在此基础上才会有对民族复兴大业的推动。

民族文化自觉需要将日常生活的文化习惯进行提炼和系统总结，即将隐藏的文化行为转变为显化的文化体系。笔者 2018 年在《基于祭祖文化的中华民族共同体意识培育路径研究》一文中对这一文化体系进行过简单的总结，主要包括两个方面：

首先，以“集体历史记忆”为中心的社会方法论。站在历史巨人肩膀上的个人是睿智的人，站在历史巨人肩膀上的民族更是伟大的民族。任何个人和群体能够生存和发展的关键都在于善于总结和记忆经验。与其他文明相比，中华民族特别重视“集体历史记忆”在社会发展中的关键作用，并将这一方法规定为中华民族生存和发展的根本方法。从孔子作《春秋》到司马迁写《史记》，从司马光编撰《资治通鉴》到钱穆创作《国史大纲》，中华民族的生存和发展都始终建立在民族集体历史记忆之上。这种方法浸润着中华民族的每一个子孙，法显和玄奘西行求法的旅行记录甚至成为研究印度历史非常重要的文献。与海洋民族崇尚个人自由，强调主观独立和主观经验间的“不可知”不同，中华民族认为社会成员之间和社会代际之间具有可知性和学习性，社会并非由独立个人进行的机械式简单加总，个人也并非独立于历史的消极自由存在。人与人之间的可知赋予了个人的社会属性和历史属性，赋予了知识和文化作为历史集体记忆存在的可能性，赋予了教育的历史集体记忆传承功能。可知形成集体记忆，集体记忆的历史选择形成集体理性。集体记忆在可知的前提下不仅存在可能，而且是社会发展的必然要求。在方法论上对集体历史记忆的承认和崇尚为中华民族社会历史经验的长期保存、发展和作用发挥铺平了道路。中华民族之所以上下五千年绵延不绝，之所以能创造人类历史的辉煌成就，之所以昂然屹立于世界民族之林，正是得益于它对自身民族历史经验的珍视、保存、传承和付诸实践，并在历史实践中不断修正形成新的经验。

其次，以“孝”文化为中心的社会伦理观。对“集体历史记忆”社会方法论的社会运行保障就是以“孝”文化为中心的社会伦理制度。正如爱情文化对夫妇结合通过极力讴歌颂扬来强化这一基本社会单位的形成和稳定一样，中华文明也通过对孝行的崇高化和对行孝的仪式化来强化“集体历史记忆”社会方法论。《孝经》开宗明义就讲“夫孝，德之本也”，接着进一步对此形而上崇高化表达为“夫孝，天之经也，地之义也，民之行也。天地之经，而民是则之”，“天地之性，人为贵。人之行，莫大于孝”。“孝”的汉字构成，上为老、下为子，意思就是“上下传承”。孝的社会伦理观发端于人类天性的亲子血缘关系，在人类所有信用关系中社会成本最低，如果以机会成本论其几乎为零。中华文明充分地使用了这一社会关系并将其永恒化，使它成为每个社会成员超越时间和生命的不朽追求。“百善孝为先”，“孝”移于君（国）为“忠”，“孝”移于长为“悌”，“孝”移于人为“仁”，以“孝”为中心的扩展构成了中华文明整体的伦理体系。“孝”的内涵是传承。这里传承首先包括生命的繁衍，《易经》讲“先祖者，类之本也，无先祖，恶出”，《孝经》讲“身体发肤受之父母，不敢毁伤，孝之始也”；但传承更包括历史经验或称文化的传承，《孟子》中说“不孝有三，无后为大”，《论语》讲“父在，观其志；父没，观其行；三年无改于父之道，可谓孝也”。应当注意，“孝”强调传承并不是要求一味顺从，赵岐《十三经注》讲道“谓阿意曲从，陷亲不义，一不孝也”。“孝”的作用是降低社会运行成本。它包括两个方面：一是以教育为中心向下一代传递历史经验，避免重复试错中的社会损失，为后代发展铺就台阶，“教”字左“孝”右“文”即是对孝、教育和文化三者关系的准确注脚；二是用历史的后效性避免盲目发展，冒险的社会损失在中华文明中并不像海洋文化那样在扩张中转嫁给他人，而是需要冒险者自己承担永恒责任，因此父之道不是不能改，而是要慎重地经过三年之思然后当改则改。“孝”的外在形式是尊祖敬宗。它同样包括两个方面：一是日常的孝行。

《尔雅》中讲“善事父母为孝”，《孟子》中讲“孝子之至，莫大乎尊亲”“事孰为大，事亲为大”，“二十四孝”都是对日常孝行的歌颂。二是丧葬和祭祖制度。与日常行孝的个体行为不同，丧葬和祭祖是公众行为，更多地表现为一种形式化社会制度，其构成了“孝”伦理体系中最核心的社会管理形式。丧葬和祭祖的评价体系树立了个人社会追求的终极目标，丧葬和祭祖的参与过程不断在社会成员心底强化先辈历史经验之神圣性，它确保了“孝”伦理体系在社会实践中的具体执行，进而保证了中华民族“集体历史记忆”社会方法论的中心地位。

2. 海外华人民族文化认同的特殊性

既然中华文明为全体中华儿女所共享，那为什么要在海外华人中华文化的跨文化传播中将这一内容作为工作重心？主要原因在于，海外华人所处的社会环境与国内同胞不同，国内同胞聚集而居，大家遵守着共同的文化习惯，外来文化冲击对其生活影响较小，同时国家会在国民教育体系中专门设立中华传统文化课程对社会成员进行系统性教育，主流媒体也会对中华文化进行普遍的宣传和推广，从而实现社会层面对传承中华文化的整体推动。海外华人则与之不同，他们在海外属于少数族裔（新加坡除外），生活的文化环境与祖国显著不同，特别是在以英裔人口为主的国家（如美国、英国、加拿大、澳大利亚等），文化环境是北欧海洋文化，主导价值观是自由主义，主流媒体的文化宣传和多数族裔的社会行为都会对海外华人的文化自信造成影响，特别容易对其文化观念形成冲击。一方面，自由主义的意识形态否定历史的社会建构作用、否定“集体历史记忆”社会方法论，倡导历史虚无主义和所谓资本主义历史终结论；另一方面，自由主义文化环境破坏以“孝”文化为中心的社会伦理观，不断对各类以血缘姻亲为纽带的社会联系进行解构，其社会的功能选择也趋向于将初级社会群体小型化乃至个体化，小家庭、性开放乃至独身主义已经从原生的海洋民族扩展到自由主义文化环境下具有不同文化传统的民族。在这样的文化环境中当然也更需要坚定民族文化自信、实现民族文化自觉，只有这样才能不失民族之根、不忘民族之魂，才能对自己的文化习惯充满自信，才能真正做到关爱家人和热爱民族。

（二）祭祖文化：推进海外华人对中华文化跨文化传播工作的可行抓手

1. 以祭祖文化作为海外华人跨文化传播工作抓手的原因

以“集体历史记忆”为中心的社会方法论和以“孝”文化为中心的社会伦理观在现实生活中最具仪式感和影响力的社会活动就是“祭祖”。子曰：“郊社之礼，所以事上帝也。宗庙之礼，所以祀乎其先也。明乎郊社之礼，禘尝之义，治国其如示诸掌乎。”对于中华文明而言，祭祖毫无疑问是最具仪式感的文化构成，这一仪式源远流长，对中华文明的巩固和发展发挥了不可替代的重要作用。它既不同于寓于日常生活和社会交往中的文化习惯，也不同于凝练于理论思想中的学理化表达；它是生活的一部分，但又不同于日常生活，它不是学理但又充满了学理的内容。因此，即使在海外华人社群中，祭祖依然构成了他们日常最重要的文化仪式，无论是宗族祠堂祭祀还是丧祭、墓祭，都仍然普遍存在。海外中华文化的跨文化传播工作必须因势利导，必须既基于海外华人的生活习惯又便于海外中华文化的跨文化传播工作开展。祭祖文化毫无疑问提供了最为可行的政策抓手。

2. 祭祖文化的内涵和发展

何谓祭祖文化？祭祖是对祖先崇敬的公众性和仪式化表达。庄严肃穆的祭祀并不能使逝者在肉体上获得永生，通过这一仪式生者也并不是真的期冀得到任何超自然的回报。祭祖的作用更多表现为一种仪式化的社会制度，其旨在通过对有限生命的个体进行永恒社会评价的方式去实现“孝”伦理体系的社会规范作用，让生者承担一份永恒的敬畏和获得一种持续不断的激励，实现对生者、对当下社会运行中施行“集体历史记忆”社会方法论的有效管理，使社会成员的个人价值实现与社会方法论要求真正融为一体。《论语》讲“慎终追远，民德归厚矣”，《礼记》讲“修宗庙，敬祀事，教民追孝也”，表述的均是这一目的。祭祖在以“孝”为中心的社会制度中的关键位置决定了其必将在海内外华人中华民族共同体意识构建中承担重要角色。祭祖文化的发展构成了中华民族民族文化形成的一个脉络。

从中华文明最早的文字记载甲骨文开始，祖先祭祀就已成为中华文化制度的最重要构成。最早的祭祀更多的是对死亡的恐惧和对超自然的期冀，甲骨文中有关商王朝祖先祭祀的文字记载，如“报”“又”“岁”等表明这一祖先祭祀行为目的是禳祓避祸、祈福求吉。正如胡适所说，“看殷墟出土的遗物与文字，可以明白殷人的文化是一种宗教的文化。这个宗教根本上是一种祖先教。祖先的祭祀在他们的宗教里占一个很重要的地位”。可以看出，祭祖的产生正是源于人类最天然、最直接的社会信用关系——血缘，以“集体历史记忆”社会方法论为中心的中华文化正是建立在充分利用这一社会信用体系之上。

祭祖行为中浓重的宗教信仰色彩到了周代已逐渐消失，祭祖的礼仪更多地表现为稳固国家统治和社会稳定的意识形态含义。从社会结构上看，周代已经是典型的建立于血缘姻亲的宗法社会。周王自称天子，是“大宗”，同姓诸侯尊其为大宗子。这种宗法关系直接体现在宗庙设置上。《礼记·王制》谓：“天子七庙，三昭三穆，与大祖之庙而七。诸侯五庙，二昭二穆，与大祖之庙而五。大夫三庙，一昭一穆，与大祖之庙而三。士一庙。庶人祭于寝。”虽然周代创制的体现社会等级差异的宗庙体制没有被后世延续，但祭祖礼仪施行有利于“孝道”思想的形成、传播和发扬却被历史选择记忆，以宗族为中心的祭祖文化传统自此经久不衰，成为中华民族社会伦理体系的基本制度。与祭祖仪式化的发展同步，以“集体历史记忆”社会方法论为中心的中华民族共同体意识自周已初现端倪，以西周史料为主要内容的《尚书》和《春秋》已经开始了文化上最为直接的“集体历史记忆”。

将孝道伦理体系和祭祖礼仪全面结合并进行系统理论论证的是汉代诸儒，他们找到了中华民族重丧、重祭的本源——“孝”。自“罢黜百家，独尊儒术”之后，“孝”作为儒家核心的思想观念，成为全社会伦理体系或意识形态的思想根基，“导民以孝，则天下顺”。汉朝“以孝治天下”，通过优待孝子、不孝之罪入刑律、举孝廉、颁布养老令、推行三年丧制、以孝为谥、诵读《孝经》等方式，将“孝”文化提升为社会意识形态的中心，“孝道”统领政治、经济、文化和教育各个方面。祭祖在“孝”的旗帜下得到了论证，“生，事之以礼；死，葬之以礼、祭之以礼”，养、丧、祭三者齐备才可称为孝，才是“善事父母者”。《大戴礼记·曾子本孝第五十》云：“故孝之于亲也，生则有义以辅之，死则哀以莅焉，祭祀则莅之以敬；如此，而成于孝子也。”东汉明帝在庙祭之外开创墓祭更是将“事死如事生，事亡如事存”的祭祖礼仪由贵族推广到了普通大众，从而形成了全社会自上而下共同的社会伦理制度。祭祖文化是“孝”伦理体系的因，也是“孝”伦理体系的果，中华民族共同体意识随着“孝”伦理体系的发展至此已形成雏形，司马迁《史记》被列为“二十四史”之首，太史公自评的“见盛观衰，论考之行”更是对“集体历史记忆”社会方法论的准确阐释。

宋代朱熹《家礼》的出现深刻地改变了中华祭祖文化发展的历史轨迹和形态面貌。家祭尽管在汉代之后已成为全民族的习俗，但其缺乏礼仪规范和不能对祖宗集中祭祀，导致了较高的社会成本，严重制约了祭祖文化在社会伦理体系构建和社会方法论使用中作用的发挥。在冠、婚、丧、祭四礼中，朱熹尤重祭礼。朱熹认为祭礼问题不限于礼仪本身，也关系着家族形态、社会文化发展和国家基层管理等一系列重要问题，将这个问题继续推进并付诸文字，形成可以被直接运用于生活的理论主张十分必要。考虑到人们举行墓祭时可能遇到的诸多难处，朱熹提出了祭祖以祠、祭主诚敬、重大节略浮文、祭物随宜的四条基本原则，建议人们按照这四条原则执行即可，不用过于拘泥《仪礼》《书仪》等烦琐的礼仪要求。祭祖的仪式性、经济性、历史性和社会评价性在这样的大众性仪式安排下均得到了满足，因此在宋代以后，祠堂祭祀得到了快速发展并逐步成为中国寻常百姓祭祖的中心内容。一座庄严肃穆、气势恢宏的宗族祠堂，不仅是后人祭祖以隆孝的空间场所，更是彰显家族社会品德的标志性建筑。“孝”伦理体系在朱熹的推进下逐步完备，它对于“集体历史记忆”社会方法论的保障功能也全面提升，中华民族共同体意识至宋也已基本完成，司马光主持编写的《资治通鉴》以时间为“纲”，以事件为“目”，纵贯中华16朝1362年历史，成为“集体历史记忆”社会方法论的最经典的知识化运用。

祭祖文化经过千余年的沉积已经融入每一个中华儿女的血液之中，祭祖的仪式性成为对以“孝”为核心的社会伦理体系和“集体历史记忆”社会方法论最重要的文化保护和精神强化。参与对民族初祖、历代先贤以及姓氏祖先的祭祀，对海外华人而言不仅毫无违和感，而且文化传承和文化荣耀的共鸣感也会令他们乐于参与其中。这种文化行为较日常文化习惯更为集中，较伦理知识教育更易令人接近，有必要在政策上作为推进海外华人文化认同的根本路径。

（三）陵寝遗址：中华民族“精神标识”的主要载体

祭祀民族的人文初祖、往圣先贤和历史伟人，墓祭是最重要的形式。《史记》记载的汉武帝黄帝陵祭祀说明了墓祭在中华文明史中的久远，而汉明帝墓祭更是将陵寝祭祀扩大到了全社会的范围。今天墓祭祖先已成为中华民族最为重要的文化习俗，清明节、春节、生辰、忌日墓祭在社会中都普遍存在。陵寝包含了对逝者最后的记忆，睹物思人在“慎终追远”文化中具有特殊意义，自汉之后历朝历代对民族初祖和往圣先贤的祭祀都十分重视墓祭。今天，人文始祖、往圣先贤的陵寝已经历千百年风雨，它们蕴含的历史记忆感更赋予了这些历史遗迹在中华文化中特殊的“精神标识”内涵。这里既是对先祖先贤墓祭的场所，更已经成为追忆民族历史最重要的讲堂。从轩辕黄帝陵、岐山周公庙、曲阜孔庙到秦始皇陵，它们对中华民族的号召力一点也不亚于埃及金字塔、耶路撒冷哭墙等世界其他民族的“精神标识”，这些陵寝遗址构成了中华民族“精神标识”的主要载体。

1. 黄帝陵

陕西是中华民族人文初祖轩辕黄帝和神农炎帝的起源地。《国语·晋语》中载：“昔少典娶于有蟜氏，生黄帝、炎帝。黄帝以姬水成，炎帝以姜水成。成而异德，故黄帝为姬，炎帝为姜。二帝用师以相济也，异德之故也。”史学家考证，姬水和姜水都位于今天的陕西省境内的关中地区一带，姜水位于宝鸡，姬水则是关中中部武功县一带的漆水河，两河均是渭河的支流。清徐旭生所著的《中国古史传说的时代》中叙述：“大约华夏集团从陕西、甘肃一带的黄土原上，陆续东迁，走到现在河南、山东、河北连界大平原上，首先同土著的东夷集团相接触。始而相争，继而相安，血统与文化逐渐交互错杂。”蒙文通、傅斯年也有相近结论。白寿彝主编的《中国通史第三卷上古时代》（上册）中明确指出：“炎黄部族最早发祥于渭水流域。”

《史记·五帝本纪》中载“黄帝崩，葬桥山”。黄帝陵，位于陕西省延安市黄陵县城北桥山，是中华民族始祖轩辕黄帝的陵寝，常被称为“天下第一陵”“华夏第一陵”“中华第一陵”，从古至今为我国历代政权所重视，是中华民族最为重要的“精神标识”之一。黄帝死后，人们为了表达对这位人文初祖的怀念之情，便在桥山起冢为陵，立庙祭祀。在黄帝死后的几千年里，历代祭祀黄帝的活动从未中断，从虞、夏、商、周到秦、汉、隋、唐、宋、元、明、清，除了有的时段将黄帝同时作为“天神”“帝王”祭祀外，更多时候都将黄帝作为祖先祭祀。黄帝陵在中华文明中的独特地位正是在这五千多年风雨不变的历史当中逐渐建构而来。

1912 年中华民国初立，民国政府黄陵祭祀中孙中山先生亲自撰写祭文：“中华开国五千年，神州轩辕自古传，创造指南车，平定蚩尤乱，世界文明，唯有我先。”1937 年清明节，毛泽东同志亲撰《祭黄帝陵文》，成为昭告列祖列宗、团结抵御外侮、建立全国抗日统一战线的铮铮誓约。新中国成立后，1961 年 3 月，黄帝陵被国务院公布为第一批全国重点文物保护单位，编为“古墓葬第一号”。2006 年，清明公祭轩辕黄帝典礼（黄帝陵祭典）活动被列入第一批国家级非物质文化遗产名录。20 世纪 80 年代以来，大批港澳台同胞、海外侨胞，不远万里，奔赴桥山，共祭黄帝陵。1988 年，时任中共中央军委主席邓小平为黄帝陵题词“炎黄子孙”。1993 年清明节，时任中共中央总书记、国家主席江泽民为黄帝陵题词“中华文明源远流长”。2015 年，习近平总书记来陕考察时称“黄帝陵是中华文明的精神标识”。

陕西黄帝陵祭典的至上性、持续性和唯一性，得到了海内外中华儿女的普遍认同。黄帝陵作为世界华人寻根祭祖的文化象征，作为维系中华儿女血脉相连的重要纽带，历经千年而不衰，它既是我们对外文化交流的精神之根，也是我们通过海外华人与世界各国文化交流的桥梁，还是世界各国了解中华文化的捷径。

2. 周公庙和周公墓

发祥于陕西岐山的周礼文化，作为一种以“天”为精神信仰，以“德”为价值原则，以“和”为社会准则的完整文化体系，是中国历史轴心时代为中华民族遗留下来的宝贵文化财富，是中华民族文化的源头和基石，为今日之中华民族实现伟大复兴提供了重要价值支撑。周礼于西周时代形成，并经过后世诸子百家发展，基本包含两层含义：一为礼化，二为乐化。所谓“礼化”，就是人的外在行为规范的建立；所谓“乐化”，就是人的内在精神秩序的培育。“礼”强调的是“别”，即所谓“尊尊”；“乐”的作用是“和”，即所谓“亲亲”。有别有和，体现的正是中华文明由近及远、循序渐进的社会管理观和历史发展观。儒家经典《礼记·乐记》《礼论·乐论》以及司马迁的《礼书·乐书》中都有记载：“礼有三本：天地者，生之本也；先祖者，类之本也；君师者，治之本也。无天地，恶生？无先祖，恶出？无君师，恶治？三者偏亡，焉无安人。故礼，上事天，下事地，尊先祖而隆君师，是礼之三本也。”“乐者，音之所由生也，其本在人心之感于物也。”“凡音者，生于人心者也；乐者，通伦理者也……是故知声而不知音者，禽兽是也；知音而不知乐者，众庶是也。唯君子为能知乐。是故审声以知音，审音以知乐，审乐以知政，而治道备矣。”“礼化”的作用在于区别次序，“乐化”的作用在于协调上下。因此，秩序与和谐是礼乐文化的主旨。礼乐文化经典对“礼化”和“乐化”的不同特性与功能多有论述，如“乐由中出，礼自外作。乐由中出，故静；礼自外作，故文。大乐必易，大礼必简。乐至则无怨，礼至则不争”。再如“乐者为同，礼者为异。同则相亲，异则相敬”“乐统同，礼别异，礼乐之说贯乎人情矣”“乐者，天地之和也；礼者，天地之序也，和，故百物皆化；序，故群物皆别”“大乐与天地同和，大礼与天地同节”“乐由天作，礼以地制。过制则乱，过作则暴。明于天地，然后能兴礼乐也”。又如“礼节民心，乐和民声，政以行之，刑以防之，礼乐刑政，四达而不悖，则王道备矣”“礼义立，则贵贱等矣；乐文同，则上下和矣”。“礼化”和“乐化”是《易经》所揭示的万事万物所具有的“阴阳”二象特征在人身上的表现，其中“礼化”为阴，“乐化”为阳，“礼化”为实，“乐化”为虚，“礼化”的意义在于外在的社会秩序，“乐化”的意义在于内在的情感和谐；二者相辅相成，一体两面，相互促进，相互转化。因此，“礼化”和“乐化”是人之所以为人的根本标志和本质特征，其中“乐化”这一特征的地位又高于“礼化”，所以，孔子认为，人成为人的过程是“兴于诗，立于礼，成于乐”，纵观轴心时代之后的中华文化，周礼构成了华夏文明在社会文化上的基石。

位于陕西岐山的周公庙是我国形制最完整、规模最大的周公庙，其所在地古称卷阿，《诗经》名篇《卷阿》中描述此地为：“有卷者阿，飘风自南。”据历史考证此处应为周公采邑，周公旦晚年归隐于此，制礼作乐，使得天下大治，万民归心，周公逝世后即建祠祭祀，周公庙由此而始。近年来考古发现，该处遗址是目前发现的西周时期最高等级墓葬群，应为周公家族墓地，史学家也认为这里是周公本人最为可能的墓地。周公庙祭祀在唐朝时已经具有较大规模，为周公祭祀在此处修建了大规模建筑群。周公庙和周公墓同样是中华民族重要的“精神标识”。

3. 孔庙、孔林和孔府

不论走到世界任何地方，谈起中华文明最具代表性的人物一定首推孔子，孔子于中华文明之影响如同亚里士多德于西方文明。也正因如此，我国政府将设立于海外的中华文明教育中心定名为“孔子学院”。孔子开创私人讲学之风，倡导仁义礼智信。有弟子三千，其中贤人七十二。他曾带领部分弟子周游列国十四年，晚年修订六经（《诗》《书》《礼》《乐》《易》《春秋》）。孔子去世后，其弟子及再传弟子把孔子及其弟子的言行语录和思想记录下来，整理编成《论语》。孔子在世时就被尊奉为“天纵之圣”“天之木铎”，后世更被尊为孔圣人、至圣、至圣先师、大成至圣文宣王先师、万世师表，其思想对中国和世界都有深远的影响，被列为“世界十大文化名人”。祭祀孔子的“祭孔大典”在中国历史上更多时候表现为与中华祖先神祭祀同等级别的大祀。

孔庙、孔林和孔府在世界范围内是公认的中华民族“精神标识”。曲阜孔庙以孔子故居为庙，又称“阙里至圣庙”，位于山东曲阜市，是祭祀中国古代著名思想家和教育家孔子的祠庙，始建于鲁哀公十七年（前478年）。最初为因宅立庙追慕悼念孔子，因故宅最能使人触景生情，最初立庙只是将孔子生前所穿过的衣物、乘过的车、用过的琴等遗物收集于孔子生前故居内，做以纪念。孔庙历代增修扩建，岁时奉祀，西汉以后历代帝王更是祭祀不断，并给孔子叠封谥号，曲阜孔庙规模也越来越大，成为全国规模最大的孔庙。现存的建筑群绝大部分是明、清两代完成的，占地

327 亩，前后九进院落。庙内有殿堂、坛阁和门坊等 464 间。与相邻的孔府、城北的孔林合称“三孔”，1994 年 12 月一起被联合国教科文组织列为世界文化遗产。孔林又称至圣林，位于孔庙以北 1.5 千米处，是孔子及其后裔的家族墓地。孔林占地近 200 万平方米，有坟冢 10 万余座，有神道与城门相连。孔子墓位于孔林中部，封土呈偃斧形，汉代设祠坛建神门，宋代刻制石仪，元代立碑、作周垣、建重门，明代重建享殿墓门、添建洙水桥坊和万古长春坊。孔林埋葬孔子长子长孙已至第七十六代，旁系子孙已至第七十八代，从周至今，全无间断，延续时间之久，墓葬数量之多，保存之完好，作为一个家族墓地，在世界上绝无仅有。孔府，又称衍圣公府，是孔子的世袭衍圣公的后代居住的府第，在孔庙东侧；元成宗时，孔庙复修，将庙宅完全分离开来，形成今天各自独立的系统。

4. 秦始皇陵

战国末年秦始皇统一六国后，建立了对中国政治制度发生深刻影响的一整套行政管理制度。这套制度可以概括为两个部分：一是中央的三公九卿制，二是地方管理的郡县制。秦朝的中央机关实行三公九卿制，三公是丞相、太尉、御史大夫，分管政务、军事和监察以实现行政、军事和监察的分权，三公之间互不统属，相互制约，都直接为皇帝负责，但丞相最为关键；三公之下设九卿，具体是：奉常，掌管宗庙礼仪；卫尉，掌管皇宫保卫；郎中令，掌管宫廷警卫；太仆，掌管宫廷车马；典客，处理少数民族事务及外交；廷尉，负责司法；治粟内史，负责租税和全国财政；宗正，管理皇室亲族内部事务；少府，掌管全国山河湖海税收和手工业制造。三公九卿均为政府雇员，概不世袭。郡县制是对中国古代实行的中央集权体制下，郡、县两级政权的地方行政制度（类似于行政区划）的总称。春秋时代，随着世卿世禄制被官僚制取代，地方组织也逐渐由采邑制（封建制）转为县制或郡制。秦统一后，始皇帝采纳李斯意见将全国分为三十六郡。郡，是中央政府辖下的地方行政单位，其组织机构与中央政府略同，设郡守、郡尉、郡监（监御史）。郡守，为一郡最高行政长官，掌管全郡政务，直接受中央政府节制；郡尉，辅佐郡守，掌管全郡军事；郡监，掌管监察工作。郡以下设县或道。县是秦朝统治机构中关键的一级组织，是从中央到地方政府机构中具有相对独立性的一个单位。内地设县，边地少数民族地区设道。满万户以上的县设县令，不满万户的设县长。令、长为一县之首，掌管全县政务，受郡守节制。县令下设尉、丞。尉，掌管全县军事和治安；丞，为县令或县长的助手，掌管全县司法。县以下设乡、里和亭。乡和里是行政机构，亭为治安组织。乡设三老、啬夫和游徼。三老掌管教化，啬夫掌管诉讼和税收，游徼掌管治安。乡以下为里，是秦国最基层的行政单位。里设里正或里典，其职能除与乡政权职能大体相同外，还有组织生产的任务。此外，还有司治安、禁盗贼的专门机构亭。秦规定，两亭之间相隔十里，设亭长。亭遍布于城乡各要地。与这套政治管理制度相辅相成的是秦制将周礼所推行的“车同轨，书同文，行同伦”等公共管理和文化管理目标完成了法制化推行，这不仅保证了中央集权和郡县制的高效运行，更对我国历史上社会生产效率的提升起到了极大促进作用，同时它也将整个中华大地在文化上紧紧连接在了一起。

秦始皇陵位于今陕西省西安市临潼区，是世界上规模最大、结构最奇特、内涵最丰富的帝王陵墓之一。秦始皇陵于 1974 年被发现，后逐步挖掘，已出土的兵马俑坑震惊世界，被列入世界遗产名录、世界十大古墓稀世珍宝之一，被誉为“世界第八大奇迹”，充分表现了两千多年前中华民族的艺术才能，是中华民族的骄傲和宝贵财富。

（四）陵寝旅游：唤起中华儿女民族认同感的重要路径

1. 历史文化旅游的功能

旅游就功能而言一般可分为三个方面：一是休闲娱乐，二是探索新知，三是追溯历史。历史文化旅游是三种功能的有机结合，其能够在轻松自在的状态中不断地增强人们的历史文化认同感，增强自身社会行为与历史文化之间的共鸣，从而实现价值观的塑造和方法论的确立。包含民族始祖、往圣先贤和历史伟人的陵寝历史文化遗迹穿越时空，是几千年来中华民族传统文化的有形载体，睹物思人，旅游者在历史遗迹面前会激发历史在内心重演、感受浓厚文化氛围，旅游中的朝圣和祭祀更能令人进入文化情境，向祖先反躬、与先贤对话，历史和文化会向后来者传达它所保留的情怀、价值和方法。对于海内外华夏儿女而言，踏寻祖先遗迹可以让我们更好地体会中华文化形成的起源、变化和发展，让我们更具体地阅读到它所取得的伟大成就，让生活层面之中的具体行为与生活层面之上的箴言古训进行心灵深处的沟通。文化认同感、民族自豪感和精神归属感会在这种旅游的潜移默化之中慢慢形成。价值观和方法论尽管每天表现为我们的日常生活行为，但生活习惯对大多数人而言只能是文化上的自发，它并不稳定，实现文化自信需要文化自觉，历史文化旅游就是实现文化自觉的最好途径。

历史文化旅游同时又是一种轻松愉悦而又效果显著的价值观培养方式。与其他价值观培养方式不同，旅游不具有强迫性，在整个活动中没有功利化目标、身心轻松，人们所希望的只是通过游览或拓展新知，或澄净心灵，或强化自信。日常行为的快节奏和工具性让人们根本无暇进行更深入的认识论提升，短期目标和结果追求会完全充满日常生活，即使专门开辟出了学习时间，也只会更多地集中于专业技能。同时，人的内在独立性使得任何人在面对任何专门的意识形态说教都会引起主观的警觉和抵制。对于历史文化旅游而言，它和人们的价值观相辅相成、寓教于乐，而此乐又非城市娱乐场所的感官之乐，而是心灵愉悦之乐。历史文化旅游带给人们的是历史和文化的熏陶，向人们传达的是历史和文化中经验的精华，人们在这里更多的是感受到历史的深意，体会到文化的内涵，反省自己的思维、态度、行为，形成正确的处事方法和处事态度。

2. 陵寝旅游在海外中华文化的跨文化传播工作中的价值和意义

长期以来，陵寝旅游一直是历史文化游的最重要组成，无论世界各国各地，民族始祖、历史伟人和先贤的陵寝都是历史遗址的重要构成，埃及的金字塔、印度的泰姬陵莫不如是。将海外华人日常生活中所坚守的祭祖文化与中华民族“精神标识”——民族始祖和先贤伟人陵寝——作用发挥结合在一起的最好方法，就是在海外华人中推动以核心“精神标识”为对象的陵寝旅游。人文初祖、往圣先贤和历史伟人的陵寝既是中华民族的“精神标识”，也构成了中华历史的天然脉络。通过有效、有规模地组织海外华人到祖国来进行陵寝旅游并亲身参与相关的祭祖活动，既可以唤起他们对中华民族五千年的“集体历史记忆”，也能够潜移默化、浸润心肺地强化他们对自身社会行为习惯的文化自信，还能够形成他们的精神归属，令他们的生活幸福再上一个台阶，更为中华民族伟大复兴多凝聚一份力量，让华人华侨在对中华文化的海外跨文化传播中讲得更有底气、讲得更有内容。中华人文始祖轩辕黄帝陵、中华礼制创立者周公庙周公墓、曲阜孔庙孔林、世界第八大奇迹秦始皇陵以及规模庞大的汉陵、唐陵这些中华民族“精神标识”，对于海外华人有着强烈的文化吸引力。对于中华文化的跨文化传播工作而言，基于陵寝旅游唤起炎黄子孙民族认同感应当也必须成为依托海外华人宣传中华文化的重要路径。在海外华人中推广“中华民族‘精神标识’陵寝旅游”，组织全世界海外华人来到祖国参与民族始祖和先贤伟人祭祀，对于中华文化的跨文化传播、我国与世界的合作发展具有非常重要的意义。

（五）政府推动与市场驱动：推进新时代海外华人对中华文化跨文化传播的政策建议

推动海外华人“中华民族‘精神标识’陵寝旅游”应该从政府推动和市场驱动两个方面共同着手，充分发挥政府与市场在资源配置中的不同优势，形成政府与市场的双向合力，共同推进海外华人的文化认同感、民族自豪感和精神归属感。对于跨文化传播而言，推动“中华民族‘精神标识’陵寝旅游”的工作目标要求我们不能将这一活动视为单纯走马观花式的一般游览，而要真正做到活动能够对海外华人思想产生影响，能够在旅游中使他们真正感受到民族文化的本质内涵、伟大成就以及和其自身日常生活的高度契合。基于此，本书针对这一活动从政府和市场两个方面提出如下政策建议：

首先，海外华人“中华民族‘精神标识’陵寝旅游”离不开政府的有效推动。各级政府应站在中华民族伟大复兴和推动“一带一路”倡议的立场上对待以著名陵寝为中心的中华民族“精神标识”建设和以海外华人为主要目标人群的旅游开发。姜樾（1993）系统阐述了中华文化旅游与中华民族凝聚力之间的关系，田东娜（2006）阐述了红色旅游对推进革命精神再教育的重要功用。国家对红色旅游的推进说明了在政府层面已经充分认识到旅游对“集体历史记忆”的唤起功能，这一功能同样适于海外华人民族文化认同感培养和海外中华文化的跨文化传播工作。对于海外华人“中华民族‘精神标识’陵寝旅游”政府推动工作而言具体有四个方面建议：其一，以党和政府的文化管理和统战部门为主体，组织协调相关陵寝管理部门和海外旅行社，一方面化解各部门利益冲突；另一方面共同围绕中华文明“精神标识”设计针对海外华人的旅游产品，在旅游产品中必须包含庄严肃穆的祭祖活动，旅游产品设计应尽量做到祭祖的庄严性，减少过度商业开发，保证海外华人的文化融入感，实现祭祖活动与游览过程的协调一致。其二，以政府或政府资金支持海外旅行社的形式进行中华民族始祖陵寝和中华文化历代圣贤的旅游文化推广宣传，宣传主要针对海外华人社群，宣传历史文化名胜的同时也可以向世界各国宣传我们“和而不同”等文化理念。其三，对中华民族核心“精神标识”景区实行行政化与市场化混合管理，将黄帝陵这样的中华民族核心“精神标识”祭祀常态化、规范化和类型化，实行日预约制管理，分个人祭祀、家庭祭祀、宗族祭祀和团队祭祀等不同类型，对海内外华人分设预约通道，对不参与祭祀的游客限时限地区开放。其四，对海外华人回乡旅游祭祖活动进行财政补贴，这一补贴既可以通过给予旅行社的形式降低海外华人回乡祭祖成本，还可以通过补贴祭祖仪式费用或政府提供景点间通勤工具的形式开展。

其次，海外华人"中华民族'精神标识'陵寝旅游"的基本形式应通过市场化行为。一方面，黄帝陵、孔林孔庙、秦始皇陵等陵寝本身就是我国历史文化旅游的热点景区，具有市场化操作基础，其市场化的资源配置高效率应加以利用；另一方面，市场化的陵寝旅游开发行为也为世界不同国家和地区所普遍接受，不会因此产生不必要的意识形态误解。对于海外华人"中华民族'精神标识'陵寝旅游"市场开发工作而言具体有三个方面建议：其一，要以海外华人寻根祭祖游为产品开发的着力点，无论是市场营销中的细分市场开发，还是产品设计中的景点构成和特色项目都应以此为中心。海外华人远离祖籍，更多一份对故土的眷恋，在不同文化环境中的认同感匮乏使得他们更加迫切地需要一种历史的关怀，从而确立其自身社会文化定位。其二，要把体验性的参与作为旅游产品开发的重点。体验性参与常常为历史文化景区所缺乏，但这对历史文化景区也是机遇，如果能够在这一方面有所突破，不仅会给景区的市场开发带来很大推动力，对于海外华人的历史文化认同感提升也会大有帮助。其三，要有全域旅游思维，把全国的陵寝旅游视为一盘棋，以旅游业为优势产业，通过对我国经济社会资源尤其是旅游资源、相关产业、生态环境、公共服务、体制机制、政策法规、文明素质等进行全方位、系统化的优化提升，推进旅游对经济发展的整体带动性。海外华人"中华民族'精神标识'陵寝旅游"市场开发特别需要注意的一点是，要将海外华人返乡陵寝旅游与祭祖活动的特殊性与我国整个旅游市场的一般性有机融合，既不能因局部而破坏整体，也不能不关注海外华人对中华文化跨文化传播推进的特殊重要意义。

专题二　抗疫国际合作助推"丝绸之路经济带"合作发展研究

对于"政府传播—群体传播—大众传播—人际传播"这一跨文化传播

路径，本书认为其最主要的形式是通过建立跨国专家群体，依靠专家型群体经验分享和共同研究等跨文化传播途径达到对合作发展的推进。基于此，本书选择抗疫国际合作对这一跨文化传播路径的具体实践进行典型案例分析。

2020 年，一场突如其来的新冠肺炎疫情在全球肆虐，几乎影响了全球所有国家和地区。2020 年 3 月 11 日，新冠肺炎疫情被世界卫生组织定性为“全球性大流行病”。截至 2021 年 2 月 5 日，全球累计确诊病例已超过 1 亿例，死亡病例已达 229 万多人。本次疫情是自“二战”以来全球最大的公共卫生危机，给世界人民造成了巨大的伤害，而整个世界伴随着疫情的持续蔓延或将陷入全球性经济危机甚至经济大萧条，人类生产生活方式等也都将面临冲击。疫情不分国界，只有国际合作才能战胜疫情。这是全球多数国家和地区政府的共识，但问题在于如何有效开展抗疫国际合作。在抗疫国际合作中“丝绸之路经济带”沿线国家之间的合作堪称典范，中国与俄罗斯、中国与意大利、中国与塞尔维亚、中国与巴基斯坦、中国与伊朗都在疫情期间开展了广泛而深入的合作，对各自国家抗击疫情都发挥了关键性作用。我们的问题是这些国际合作是否存在规律性的经验，在抗疫国际合作中是否具有普遍性，能否作为今后“丝绸之路经济带”沿线国家和地区更多领域合作发展的广泛经验？本部分对此进行了尝试性的研究。

（一）抗疫国际合作文献综述

随着全球化日益深入，国际人员流动更加频繁、国际合作越发紧密，一旦出现严重的传染性疾病很可能演变为影响世界的国际重大公共卫生事件，“疫情无国界”已逐渐成为全球共识，国际抗疫合作对于防疫工作变得非常重要。目前对于抗疫国际合作的研究主要分为两个方面：

第一类研究主要从不同角度阐释抗疫国际合作的内涵与意义。金伟（2020）站在人类命运共同体角度分析国际抗疫合作，指出中国开展抗疫国际合作的内涵是：坚持以人民为中心的理念，以全面深化各个主体间的团结合作为核心，以加强抗疫制度建设为政策落实保障，以构建人类命运共同体为共识，共同保障世界公共卫生安全。何志鹏等（2020）认为合作抗疫的关键在于构建具有法律约束力的全球合作治理机制，是应对此次新冠肺炎疫情国际公共卫生危机之重要措施。黄载皓（2020）则总结出合作抗击疫情模式下带来的协同效应、促成各国间合作的契机以及各国共同应对非传统领域安全威胁等方面的积极作用。蒋志远（2020）从系统动力学角度对重大疫情防控合作的动力结构及其特点进行研究归纳，指出抗疫合作有四大动力源泉，分别是社会责任、群众利益、党和政府以及安全需求，提出目的一致性、合作可行性和合作协同性三大动力原理。

第二类研究则重点关注疫情背景下如何进一步通过抗疫国际合作来减少疫情带来的负面冲击。张敏等（2020）从物流供应链视角，对海运物流和供应链管理在全球性疫情背景下国际合作的价值和规范基础以及制度创新进行探讨，拓展疫情下人类命运共同体背景下的国际合作路径。杨捷（2020）从国家安全角度探讨国际合作的重要意义，指出此次全球性新冠肺炎疫情鲜明地凸显出非传统安全问题的典型特征。为应对全球性安全风险，需要各国团结协作以及大国积极主动承担责任和义务。沈陈、徐秀军（2020）认为在后疫情背景下中国应加强和其他金砖国家在政治、经济、金融、文化等多层面的合作来应对由于疫情带来的负面影响。任晶晶（2020）从外交层面指出疫情背景下的中国外交对凝聚全球抗疫合力、促进国际合作开展发挥了重要引领和推动作用。王俊生、田德荣（2020）以中日韩三国合作为例阐释了应在抗疫合作的基础上坚定加强国家间经济合作。

不难看出，已有关于抗疫国际合作的研究大多是探讨合作抗疫的重要性、必要性以及其他国际合作的意义，而对于专家交流、抗疫经验共享等关键内容的跨文化传播本质很少关注。个别涉及抗疫与文化传播关系的研究也不在这一方面，比如高晓虹等（2020）从媒体传播角度，指出我国积极开展抗疫合作能够畅通信息，向世界展现真实、立体、全面的中国形象；还比如冯凯等（2020）提出在医院文化建设中引入抗疫精神，深入挖掘抗疫文化内涵从而提升医院的认可度与影响力。以上研究都缺乏对于抗疫国际合作特别是专家组派遣这一关键的抗疫经验本质的研究，没有认识到跨文化传播作为抗疫国际合作研究的基础理论价值，把研究仍然停留在表面的认知层次。作为对现有研究不足的推进，我们希望将“丝绸之路经济带”沿线国家和地区合作抗疫典型历程从跨文化传播角度展开分析，从而站在文化交流层面提出更具普遍性和覆盖力的政策建议，以期不仅对此次抗疫国际合作乃至对“丝绸之路经济带”更为广泛的合作发展提供理论支撑。

（二）“丝绸之路经济带”沿线国家和地区抗疫合作典型历程回顾

作为全世界第一个新冠肺炎疫情全面暴发的国家，面对疫情的重大冲击，中国人民付出了巨大的努力，但得益于全国人民的团结一致和党中央正确领导部署，我们取得了抗击新冠肺炎疫情斗争的重大阶段性成果，在2020年，中国成为全球唯一实现经济正增长的主要经济体，GDP总量也实现了百万亿元的历史性突破。中国成功抗击疫情的经验对全世界抗击疫情都有着非常重要的意义，而与“丝绸之路经济带”沿线国家和地区的抗疫合作更有效地实现了中国经验的跨文化传播。

1. 中俄携手成就“抗疫合作典范”

俄罗斯外长拉夫罗夫在接受采访时称中俄合作堪称国际“抗疫合作典范”。2020年2月，在中国抗击疫情最艰难的时刻，俄罗斯政府和人民率先驰援，送来中方急需的抗疫医疗物资。4月，随着中国国内疫情逐步趋于平稳，俄罗斯疫情却日趋严峻，中国的医疗物资又源源不断地运往俄罗斯。俄罗斯总统普京曾以中俄合作为例，指出俄方已通过各种渠道收到了1.5亿只来自中国的口罩。

中俄抗疫合作当然不是仅仅停留在互赠物资的层面，而是全方位、多层次的深入合作。2020年4月11日中国抗疫专家组抵达俄罗斯，专家组一行10人，由国家卫健委组建、黑龙江省卫健委选派。专家组成员来自中国疾病预防控制中心、黑龙江省疾病预防控制中心、黑龙江省传染病防治院、哈尔滨医科大学附属第一医院、哈尔滨医科大学附属第二医院、黑龙江省中医药科学院，包括实验室检测、传染病防控、呼吸、重症、中医等专业。在实地走访和专家座谈中，专家组与俄方专家就新冠肺炎患者收治标准、ICU重症患者诊疗方案、定点收治医院间协作机制、一线医护人员安全防护与检测、新冠病毒发展趋势等关键问题展开了深入的交流探讨并全面分享了中国抗疫经验，专家组同时以视频连线方式向旅俄华人华侨、中资企业以及留学生代表讲解了新冠肺炎疫情防控知识并解答了他们关于疫情防控的相关问题。

疫情期间，习近平主席与普京总统多次通电话，就两国抗疫合作深入交换意见。在疫情面前，两国守望相助，携手抗疫，成为中俄新时代全面战略协作伙伴关系的新亮点。2020年、2021年是中俄科技创新年，科技文化是双方合作的重中之重，双方均希望以抗疫合作为契机，在新冠肺炎疫情背景下加强包括医疗卫生、疾病防控在内的各领域交流合作，为维护地区和全球卫生安全做出应有的贡献。2020年，中俄经贸合作在疫情冲击下不仅没有放缓，很多领域还取得新的进展。前三季度俄对华农产品出口增长15.8%，农产品贸易已成为中俄双边经贸合作的新增长点。中国对俄非金融类直接投资增长7.4%，同俄远东地区贸易额增长4.3%。中俄东线天然气管道、中欧班列等一大批能源和互联互通大项目有力地促进了中俄共建“丝绸之路经济带”合作。双方克服疫情影响，提前完成两国元首关于双向留学交流人员突破10万人目标。共建“丝绸之路经济带”不仅为中俄两国经济增长开辟了新空间，为贸易和投资合作搭建了新平台，也为增进人文交往提供了新机遇。

2. 中意合作抗疫，共筑友谊之桥

意大利是古代丝绸之路的终点，也是首个响应“丝绸之路经济带”共建倡议的西方发达国家和G7国家。2020年2月在中国抗击疫情的艰难时刻，意大利政府和人民给予了有力的声援和支持。3月，随着意大利疫情加重，尽管中国国内疫情依然吃紧，中国政府仍向意大利提供了口罩等医疗物资援助，并加大了向意大利出口急需物资和设备的力度。

中意抗疫合作中最为重要的工作是在2020年3月，我国向意大利陆续派出了3批医疗专家组，携带了大量医疗物资支援意大利抗疫。3月11日中国首批抗疫专家组抵达意大利，这些专家都经历过中国抗疫一线的考验，包括我国抗疫顶尖医学团队——华西医院的专家，专家组的主要目的就是分享中国成功的抗疫经验，帮助意方抑制疫情。他们到达之后，调查了意大利疫情的现实情况，给出了不同疫情城市不同的解决建议，对如何避免医生感染、如何区分轻症和重症患者、如何建立方舱医院等关键性防疫方案提出了极具建设性的建议。3月18日，第二批中国抗疫医疗专家组一行抵达米兰马尔奔萨机场，随机携带了呼吸机、双通道输液泵、监护仪、检测试剂等9吨中方捐助的医疗物资。3月25日，中国第三批赴意大利抗疫医疗专家组成员在福州登机前往意大利，该专家组由14名中国专家组成，主要在意大利新冠肺炎疫情防控一线工作，携带了呼吸机30台、监护仪20套、防护服3000套、N95口罩2万只、医用口罩30万只、隔离面罩3000个等。

抗疫合作拉近了中国和意大利人民之间的感情，中国驻意大利大使馆社交媒体账号下被“Grazie”（谢谢）刷屏。中国国务委员兼外长王毅在与意大利外长迪马约通话中指出，在共同抗疫的斗争中，两国关系将得到进一步深化，两国人民的友谊将得到进一步升华。

3. 中巴联合抗疫，共建“经济走廊”

巴基斯坦是中国的重要邻国和朋友，长期以来，政府和群众交往都非常频繁。2020年年初新冠肺炎疫情在中国肆虐时，巴基斯坦作为亲密的友邻，给予了我们全方位的声援和支持。2月1日，巴基斯坦向中国提供了第一批海外援助物资，他们把国内公立医院的医用口罩、N95口罩和防护服等物资用两天时间收集起来运送到了我国新疆。巴基斯坦参众两院先后通过决议，声援支持中国的抗疫斗争，阿尔维总统更是在3月16日中国疫情得到基本控制时逆行访华。

2020年2月，巴基斯坦疫情暴发后我国同样全力支持巴方抗疫，我国中央政府、新疆维吾尔自治区政府、各类企业、红十字会以及民间人士等各界纷纷伸出援手，持续向巴方提供急需的抗疫物资，并向巴基斯坦提供了第一批的核酸检测试剂，这对巴基斯坦了解国内疫情的发展、传播及分布发挥了巨大作用。3月28日，中国赴巴基斯坦抗疫医疗专家组携带大量抗疫物资抵达巴基斯坦，专家组由国家卫健委组建、新疆维吾尔自治区卫健委选派，共8人，分别来自新疆维吾尔自治区疾控中心、新疆维吾尔自治区人民医院、新疆医科大学第一附属医院、新疆维吾尔自治区中医医院，专业领域涵盖呼吸、重症、护理、检验、中医等。专家组主要工作是与巴方专家交流中国抗疫经验并对巴方抗疫中的关键问题进行讨论和建议。

2020年4月，巴基斯坦大部分城市处于封锁状态，但巴基斯坦政府高度重视中巴经济走廊项目的进展，在绝大部分项目都停工之时，中巴经济走廊项目还在如火如荼地进行当中。中巴经济走廊是"一带一路"项目的一部分，中国将通过各种运输路线连接巴基斯坦，通过伊朗到达欧洲。价值570亿美元的走廊是巴基斯坦和中国最重要的合作项目并持续到2025年完成。为保证项目施工人员的安全，所有中巴经济走廊项目都采取了非常严格的防疫措施。

2021年2月1日，中国政府向巴基斯坦捐赠的一批新冠病毒灭活疫苗运抵巴基斯坦首都伊斯兰堡，这是中国政府对外提供的第一批疫苗援助，疫苗也是中巴合作抗击疫情的重要领域。这种合作不仅体现了中巴作为全天候战略伙伴真诚的互帮互助，更体现了两个发展中国家为推动疫苗作为全球公共产品、提高疫苗在发展中国家的可及性和可负担性做出的共同努力。

4. 中哈取长补短，增进友谊合作

中国与哈萨克斯坦是友好邻邦和“丝绸之路经济带”共建的重要合作伙伴，发展互补性强，长期以来两国政府和人民都来往密切。2020 年 1 月我国新冠肺炎疫情暴发之时，哈萨克斯坦给予了真诚的支持和帮助，而在 3 月后哈萨克斯坦疫情吃紧之时，我国政府和社会各界不仅给予了大量物资援助，还于 4 月 9 日向哈萨克斯坦派出了抗疫专家组帮助哈方进行抗疫。中国专家组一行 10 人，由国家卫健委组建、新疆维吾尔自治区卫健委选派，专家组成员来自呼吸、重症、感染、中医、护理、公共卫生等领域，在中国抗击新冠肺炎疫情实战中积累了丰富经验。专家组先后赴哈萨克斯坦的努尔苏丹、卡拉甘达和阿拉木图等地，结合当地实际，围绕病例筛查、传染病防控、病历管理、临床诊疗、社区健康管理和实验室工作等内容与当地医护人员展开合作交流，与哈方同行分享中国经验，同时还就哈方第六版新冠肺炎诊疗方案进行研讨。据哈方统计，有万余人参与了同中国专家组的交流活动。此外，在中国抗击新冠肺炎疫情中发挥重要作用的中医药也引起了哈方关注。在交流期间，中国专家组专门介绍了使用中医药对普通型和轻症新冠肺炎患者治疗，以及辅助治疗重症病例的情况。

双方的合作不仅停留在这一次专家访问交流之上，还商定了未来在联防联治等方面继续加强对新冠肺炎疫情防控的沟通与交流。中哈双方此次合作抗疫是互惠互利、取长补短的举措，不仅增强了两国间科学文化的交流，更促进了中哈关系发展，增进了两国人民友谊。

此外，中国与伊朗、韩国、波兰、蒙古等许多“丝绸之路经济带”沿线国家在抗疫期间的紧密合作也大大提升了这些国家和地区抗击新冠肺炎疫情的效率和效果，有效地促进了国家和地区间的友谊和合作发展，成为国际合作抗疫的典范。在疫情蔓延大背景下，2020 年前三季度，中国与“丝绸之路经济带”和“海上丝绸之路”共建国家贸易进出口总额为

9634.2 亿美元，增速比全国整体水平高 0.8 个百分点，对这些沿线国家非金融类直接投资达 130.2 亿美元，同比增长 29.7%。“丝绸之路经济带”沿线国家和地区抗疫国际合作经验的总结具有重要意义，而以上典型案例为本书进一步的经验归纳和理论分析奠定了基础。

（三）“丝绸之路经济带”抗疫国际合作的本质

1. 抗疫国际合作的关键经验及其本质

通过对“丝绸之路经济带”沿线国家和地区抗疫国际合作典型的历程回顾不难发现两个共同的关键经验：其一，援助抗疫紧缺物资；其二，派遣专家组和搭建专家线上交流平台。如果说抗疫物资是缓解燃眉之急的“授人以鱼”，是建立在自我牺牲代价上的“零和博弈”，是舍己为人；派遣专家组，进行以群体交流为主要途径的跨文化传播和知识分享则是从根本上解决问题的“授人以渔”，是可持续合作发展所必需的“正和博弈”，是合作共赢。在抗疫国际合作中来自不同国家和地区的专家群体展开明确的讨论和交流，一方面，后发地区可以学习到先发地区在疫情应对中的经验和教训，少走弯路，把疫情防控建立在前人的基础之上；另一方面，还能形成知识共振，在相互探讨中发现解决关键问题新的思路和办法，共同拟定未来的防控方案。不难看出，这种国际专家学者抗疫合作和交流学习正是一种有效的跨文化传播行为，是在各国政府的推动下实现的跨国专家群体间的科学技术研讨和经验分享。这种基于专家群体的跨文化传播正是“丝绸之路经济带”抗疫国际合作最重要的一个成功经验。以下对抗疫国际合作这一成功经验中的几个关键词进行解释：

文化是人类社会生产最宝贵的社会财富，是最重要的生产资本。文化中的科学技术是社会“第一生产力”。合理地推进国际文化共享对于不同国家和地区的社会发展都意义重大。本次全球新冠肺炎疫情期间的防疫经验和治疗方法的国际经验传播和推广方式不仅对于本次疫情防控，而且对于未来的国际文化交流和社会合作都具有重要的借鉴意义。

所谓“跨文化传播”，从微观层面指的是以已经基本习得一个文化系统主要内容和建构起一个相对完备认知体系的个人为目标，通过文化传播使其对另一个有着很大不同的文化系统进行再习得和被原有文化建构同化的过程；从宏观视角指的是，通过文化传播使一个文化系统对另一个文化系统理解并进行适于自身发展改造的过程。抗疫国际合作正是通过跨文化传播方式，以实现各国战胜病毒保障人民生命安全和恢复生产发展经济为目的，将各国成熟的抗疫经验和相关前沿科学研究进行分享交流，借鉴别国成功经验的同时再结合本国国情对本国原有的疫情防控方案进行改变或优化。

群体传播是文化传播中的一个重要类型，是某一类型社会群体的成员之间发生的信息传播行为，表现为一定数量的人按照一定的聚合方式，在一定的场所（或虚拟空间）进行信息交流。群体传播在跨文化交流中主要是通过特殊的文化桥梁群体和构建跨境专家交流平台等多种形式实现，随着互联网社区的发展和成熟，基于网络虚拟空间的跨境专家群体在文化交流中的影响也越来越大。

在新冠肺炎疫情期间，我国政府先后派出多支医疗专家团队前往“丝绸之路经济带”沿线国家和地区，将中国的抗疫经验与其他国家进行分享交流，极大地推进了这些国家和地区的抗疫工作。这一抗疫国际合作的跨文化传播正是基于“政府传播—群体传播—大众传播（人际传播）”这一传播路径来实现的。所谓跨文化传播路径是以跨文化传播目标为指向的跨文化传播形式组合。由于不同文化传播形式因其自身特点限定，所针对的传播受众、所涉及的传播内容和所实现的传播效果都具有一定局限性，为达到全面有效的跨文化传播目标就需要对多种不同类型文化传播形式实现有机组合。该路径的实现涵盖三个环节。第一个环节是政府推动下跨国专家群体的形成，比如以政府为主导组建跨境的基于某一专业领域或围绕某一专项问题的专家团体、通过政府搭建一个能够实现专家相互沟通的平台（或网络交流平台）以及政府组织一次专家访问考察。第一个环节在抗疫国际合作中具体体现为我国政府派往“丝绸之路经济带”沿线国家意大利、伊朗和巴基斯坦等的抗疫专家团队，以及通过互联网会议的形式搭建与多个国家卫生专家进行讨论的平台。第二个环节是定期或不定期的专家讨论，即专家之间的信息分享和研究互动，这是该路径跨文化传播的关键环节，专家将基于这种集中的群体传播过程形成向大众传播的跨文化信息。第三个环节是专家以“意见领袖”的形式推动交流成果的大众媒体传播和网络社区人际传播，即实现社会公众的跨文化认知，从而最终达成跨文化传播目标。

2. 抗疫国际合作在“丝绸之路经济带”上取得成功的原因

以上分析了“丝绸之路经济带”抗疫国际合作经验的跨文化传播本质，但对于抗疫国际合作的成功案例为什么主要发生在“丝绸之路经济带”以及其发展“一带一路”之上，而在世界其他国家和地区间较少成功这一问题并未回答。

回答这一问题就需要认识到“丝绸之路经济带”共建倡议与英美主导的海洋经济一体化在国际文化关系上的本质差异。“丝绸之路经济带”共建倡议以文化交流为灵魂，强调文化上的相互尊重和渐进交融，是以文化上的相互理解为前提的经贸合作，文化在前而经贸在后，没有文化认同就没有互利合作；而英美主导的海洋经济一体化则建立在海洋廉价运输和大宗商品倾销之上，经贸在前而文化在后，文化的主要功能在于服务商品倾销和信用输出，商品和信用输出国往往是文化上单边的规则和制度输出国，如果遇到文化抵抗最简单的方法就是文化征服，如果征服不易就会采取文化侵略和文化侵蚀的方法。

有了上述认识就不难理解为什么欧盟国家之间的抗疫合作十分困难，而在中国与伊朗之间却能很好地实现抗疫国际合作。文化上的相互尊重、国与国之间的平等互利都是抗疫国际合作的关键。如果把自身的文化视为一种优越的存在，漠视其他文化的多样性和差异性，武断而彻底地否定其他文化所获取社会经验的价值，国际专家交流当然不可能存在，抗疫国际合作中的跨文化传播路径“政府传播—群体传播—大众传播（人际传播）”从刚开始就不会被启动，有效的抗疫国际合作也当然无法开展。只有在“丝绸之路经济带”共建所提倡的文化间相互尊重、相互理解、相互包容的氛围下，抗疫国际合作以及与之相类似的国际合作发展才能有效展开。

（四）政策建议

首先，拓展专家交流渠道，构建更多的跨国专家群体，力争实现专家交流常态化、平台化。在“丝绸之路经济带”抗疫国际合作中，来自不同国家和地区的专家通过互访形式组成了一个社会群体，这一群体内的经验交流与技术分享对国际合作抗击疫情发挥了不可替代的重要作用，群体内文化传播使得抗疫经验跨越国界成为“丝绸之路经济带”上共享的知识，各国在疫情防控、医疗救治和药物开发上都提高了效率、提升了效果。随着互联网和智能终端的普及，搭建国际专家交流平台成为专家互访之外群体文化传播的另一种重要形式，它相比专家互访形式成本更为节省，推进起来也更为方便，在此次疫情期间网上跨国专家视频会议已经成为专家互访之外形成专家群体和进行专家跨文化传播的一种重要方式。基于此，本部分提出的第一个政策建议就是，不断拓展“丝绸之路经济带”沿线国家和地区专家交流的渠道，不仅要增加具体问题导向的专家互访（除了联合抗疫，还有道路桥梁建设、石油勘探开发等专业技术领域，以及文学和艺术家访问等），更要通过政府或其他组织建立相应制度实现专家交流的常态化（如访问学者制度、组建跨国学术团体等），特别是要把基于互联网的线上专家群体交流平台建设放在重要位置，全面且紧跟时代步伐地推进基于专家群体的跨文化传播。

其次，充分利用《柳叶刀》等专业领域大众传播途径和世界卫生组织这样具有权威性的组织传播途径，倡导共享疫情研究成果，鼓励合作进行药物及疫苗研发。新冠肺炎疫情这场世界性灾难给人类社会发展敲响了警钟，人类的可持续发展是无法在贸易保护主义、单边主义、民粹主义等国家间过度政治博弈中实现的，只有各国相互尊重、密切合作、树立命运共同体意识，才能共同抵御自然对人类的威胁，这应当是我们战胜疫情乃至其他自然灾害的必由之路。实现知识共享需要兼顾两个方面：一是对知识创新者的有效激励，二是共享知识的迅速传播。兼顾以上两个方面的途径有两条：一是《柳叶刀》等专业领域大众传播途径，二是世界卫生组织这样具有权威性的组织传播途径。两条途径均具有非常强的跨文化传播能力，并且可以充分实现对研发者有效的个人激励。中国科学家在分离鉴定出新冠病毒毒株的第一时间就向世界卫生组织共享了病毒全基因组序列，为世界各国科学家进行药物研发、疫苗研制打下良好基础。《柳叶刀》等专业期刊则在疫情期间第一时间发表了大量关于新冠病毒及其治疗的研究，充分实现了全球科学界及时分享交流技术成果的目标，大幅提升了研发效率、降低了信息成本。众多中国学者在第一时间通过《柳叶刀》《新英格兰医学》等期刊将中国针对疫情的研究通报给了世界同行。

最后，重视专家群体中“意见领袖”对大众传播和人际传播的影响，通过“意见领袖”号召社会公众配合政府推行防疫措施。“意见领袖”对于社会公众新经验的接受具有关键作用，特别是对于分工日益细化的现代社会更是如此。由于分工所带来的信息爆炸，人们在有限计算能力范围内不得不在各个领域寻求专家意见，人类生活社群的各个领域也都因此形成了专家型的“意见领袖”。因此在抗疫国际合作中，跨文化的抗疫经验传播由于文化的异质性更需要不同国家专家群体中“意见领袖”进行号召。以口罩为例，不同的文化习惯对其有不同的理解，东亚文化将“口罩”视为一个生活中自我防护的日常手段，而欧美文化却没有这样的认识，如何将口罩在东亚疫情防控中的成功经验在欧美社会推广，“意见领袖”的作用十分关键，他们的意见经由大众传媒扩散能够迅速地实现移风易俗的效果。“意见领袖”是抗疫国际合作成功经验跨文化传播的关键一环。

同时，要充分意识到文化上的相互尊重是“丝绸之路经济带”抗疫国际合作跨文化传播成功的前提，离开这一前提所有的政策建议都意义有限。脱离了文化上的相互理解和求同存异，把自身文化视为高于一切的人类文化而藐视其他文化不仅抗疫国际合作无法开展，一切“丝绸之路经济带”合作都无法开展。

专题三　跨境电商平台文化建设助推“丝绸之路经济带”合作发展研究

对于“政府传播—组织传播—人际传播”这一跨文化传播路径，本书认为跨境电商平台这一类型的企业组织不仅代表了国际商贸合作未来的发展趋势，更与“丝绸之路经济带”经贸合作的特质高度契合，因此选择对这一组织的跨文化传播功能和方式进行专题分析。

随着互联网的兴起、国内市场的日渐成熟和物联网体系逐步完善，以淘宝、京东、苏宁易购为代表的电商平台在国内异军突起、高速发展，正在逐步打破原有层级代理的贸易分销结构，中小宗商品贸易正在逐步取代大宗商品贸易成为国内贸易的主要形式。根据《中国电子商务报告 2019》，2019 年国内电子商务交易总额为 34. 81 万亿元，全年网上零售额达到 10. 63 万亿元，同比增长 16. 5%。实物商品网上零售额 8. 52 万亿元，同比增长 19. 5%。截至 2020 年上半年，实物商品网上零售额 4. 3481 万亿元，同比增长 14. 3%，占社会零售总额比重达 25. 2%，比上年同期提高 5. 6 个百分点。值得注意的是，国内电商平台发展得如火如荼，但跨境电商却较为冷清，特别是“丝绸之路经济带”沿线国家和地区跨境电商几乎没有开展。2013 年 9 月 7 日，国家主席习近平在出访中亚期间提出“丝绸之路经济带”共建倡议，得到了国内外热烈的响应，越来越多的国家和地区参与其中。“丝绸之路经济带”贯穿欧亚大陆，涉及东亚、中亚、南亚、西亚、欧洲、北非等数十个国家的广泛地区，被誉为“世界上最具发展潜力的经济大走廊”。但为何跨境电商平台在这一“经济带”上却发展迟缓，是“丝绸之路经济带”不适合跨境电商发展还是另有原因，我们希望对此进行尝试性的研究。

（一）跨境电商平台研究综述

杨坚争等（2014）分析了跨境电商平台发展的影响因素，以广交会和上交会的参展企业为样本，建立跨境电子商务应用状况评价指标，分析得出：电子通关和物流因素、交易支付的工具及信用证因素、国际市场环境因素以及跨境电子商务有关的法律法规因素这四个指标对跨境电子商务发展影响较大。赵旭明、杨晓涵（2016）分析了跨境电子商务在推动中国外贸经济转型方面的困境，认为其主要表现在四个方面：跨境电商信息基础设施状况有待改善、跨境电商在进出口贸易的定位不明、相关管理法规和法律不完善、跨境电商安全机制保障不到位。作者建议从推动产业链升级、形成周边国家统一市场、推进电商标准化和明确市场分工等几个方面提升跨境电子商务对中国外贸模式转型的作用。李海莲、陈荣红（2015）通过对中、美、澳、加和欧盟跨境电子商务的通关制度进行比较，认为中国的海关制度和通关模式存在诸多问题，总结出可通过完善现行邮递商品和快件的操作与管理体系，重点提高互联网大数据的获取和分析能力等改进措施，加强跨境电子商务的通关效率。刘小军、张滨（2016）对中国与“一带一路”沿线国家跨境电商物流的协作发展进行研究，提出应积极运用多式联运和海外仓库等手段提升物流效率，为“一带一路”倡议的实施和推进提供有效保障。罗娜、罗乐娟（2018）选取 2008—2016 年我国 46 个主要贸易伙伴国的数据为研究样本，基于引力模型进行面板数据分析，对“一带一路”的跨境电商平台在我国进出口贸易影响方面进行实证研究，认为我国长期出口导向政策是我国在进出口贸易方面存在失衡现象的原因。潘勇（2017）认为我国跨境电子商务发展存在行业与政策的依存度过高、严格的行业规范缺失、地方型平台运营缺少竞争力、物流和产业链亟待进一步完善、跨境电商专业人才缺乏、信息化水平参差不齐等问题，总结出从持续创新政府监管与通关体系、建立跨境电商信息共享机制、完善跨境电商产业链、加快培育创新主体与跨境电商所需的综合性人才等方面解决我国跨境电商发展存在的问题。周彩艳（2019）分析了中小跨境电商出口面临的“瓶颈”，认为中小企业面临着物流效率低成本高、跨境支付便利性低、企业知识产权意识薄弱与产品同质化等“瓶颈”制约。江媚（2020）认为目前跨境电商平台主要存在物流等配套产业不够完善、跨境电商产业结构较为单一的问题，提出协同融合与利用技术实现跨境电商节点化来实施因地制宜发展战略。齐伟伟（2020）对我国跨境电商产业链进行相关研究，认为经济全球化下我国跨境电商产业链发展存在产业链缺乏协同性、产业链配套服务不完善、跨境电商产业链难以实现信息共享三个方面的问题。郑莹（2020）基于新时代视角，对跨境电商平台的构建进行了深入的研究与分析，认为跨境电商平台存在行业规范缺乏、跨境电商平台市场定位不够明确、跨境电商平台综合服务能力无法满足用户需求等问题，提出注重品牌化发展、提高商品质量、为用户提供放心的服务，整合多种资源以发展全球商品链道路的新时代跨境电商平台构建有效策略。

目前我国跨境电商领域的相关研究，多从电子通关、物流因素、交易支付以及相关法律法规等国际贸易实务角度分析跨境电商面临的困境，而忽视了跨境贸易最为关键的两个问题：其一，跨境电商平台的本质仍是电商，电商平台的营销中心是基于数字化贸易的中小宗商品买卖，而“丝绸之路经济带”共建的中心就是以“本地市场效应”为经济引擎的中小宗商品贸易，两者具有高度契合性；其二，跨文化障碍是跨境电商平台所面临的主要困境，其重要性较之通关等表面的贸易实务障碍更加关键，解决跨境电商平台的跨文化障碍需要专门的研究。我们的研究将基于以上两点展开。

（二）我国当前国内电商平台与跨境电商平台的发展现状

1. 电商平台及其国内发展现状

电商平台，是为企业或个人提供交易信息查询、交易协商、契约签订和交易支付的网络互动软件平台。企业和商家可利用电商平台提供的网络基础设施、对话软件、支付平台、安全平台、管理平台以及物联网、整体营销推广等共享资源或共享租金，高效且低成本地开展自己的商业活动；个人同样可以利用电商平台提供的信息检索服务、对话软件、支付平台、安全平台以及物联网高速快捷地购买到自己心仪的商品。电商平台的贸易特征为中小宗商品贸易，涉及的商品品类主要分布在电子产品、家用电器、烟酒、粮油副食、服装服饰、户外用品、健康与美容、珠宝首饰、鞋帽箱包、母婴玩具、汽车配件等消费品种类，而贸易规模也以点对点零售和小规模批发为主。

随着互联网的快速发展和智能终端的快速普及，我国电商平台发生了质的飞跃。首先，电商平台经过多年发展普遍开始生态系统构建，平台为商家和消费者提供交易、支付、物流等各方面全周期的支持与服务，阿里系、腾讯系、百度系、京东系等主体均取得了显著规模效益。其次，电商平台与实体经济进行了有机结合，突破中国的传统商品交易格局，电子商务从传统的商场、卖场等线下购物形式转变到了目前普遍的 PC、移动终端线上购物。最后，电子商务规模不断扩大。自 2014 年我国的电商交易额超越美国后，一直保持着较快的增长速度。根据《中国电子商务报告 2019》，中国电子商务交易额由 2011 年的 6.09 万亿元增长到 2019 年的 34.81 万亿元（见图 5-1）。其中，2019 年商品与服务类电商交易额达到 33.76 万亿元，较上年增长 6.6%；合约类电商交易额为 1.05 万亿元，较上年增长 10.1%。网上零售总额达到 10.63 万亿元，电商从业人数达到 5125.65 万人，快递服务企业业务量累计达到 635.2 亿件。另外，电商平台呈现出新型的销售渠道，如直播带货、小程序网络零售等。根据中国互联网络信息中心数据，中国网络直播用户规模达 5.6 亿人，其中直播电商用户规模达到 2.65 亿人。

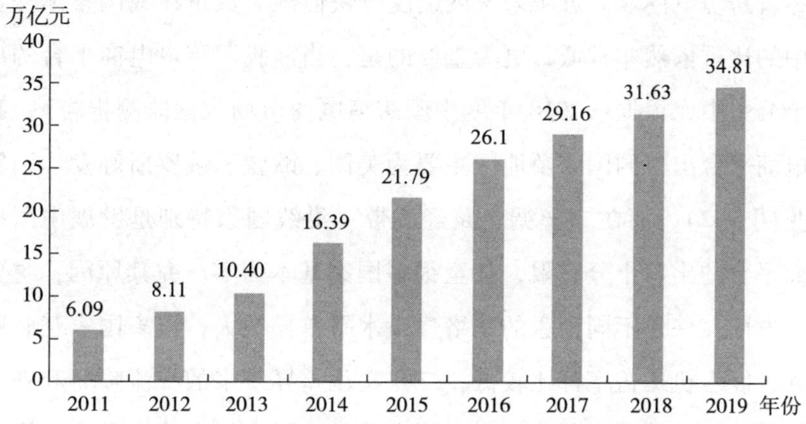

图 5-1　2011—2019 年中国电子商务交易额

资料来源：国家统计局。

2. 跨境电商平台及其发展现状

跨境电商平台是电商平台由国内向国外的一种延伸，其功能和本质仍然是电商平台，其经营业务仍然集中在消费品相关领域，其贸易特征仍然是中小宗商品，其销售类型仍然是点对点的零售和小规模批发。从狭义上来解释，跨境电商大体等同于跨境零售，就是交易的主体在不同的国家和地区，以网络为平台进行交易和结算，通过国际物流将产品从卖家运到买家；从广义上来解释，跨境电商可以看作外贸电商，是一种对传统进出口商贸的延伸，将进出口贸易转移到互联网平台上，以电商的形式进行交易，同样是通过国际物流进行运输（罗健萍，2018）。按照跨境电商平台经营类型，我国目前的跨境电商平台可分为自营型平台和入驻型平台两大模式。自营型跨境电商平台指平台方自行组织货源并销售，以商品差价作为盈利模式，如京东全球购、小红书等。自营型平台所受规则限制较小，可以实现产品种类多样化并且拥有更大的自由选择权，但受利益关系的影响，其发展存在一定的局限性。入驻型跨境电商平台不亲自参与商品的购买与销售，只负责提供商品交易的媒介或场所，如天猫国际、1688 全球购物、阿里速卖通等。

尽管跨境电商业务近年来发展速度较快但绝对数量在我国整体外贸规模当中的比重依然非常低，更为重要的是，当前我国跨境电商平台的出口流向十分集中，根据《2018 年度中国跨境电商市场数据监测报告》，我国跨境电商平台出口的国家及地区主要为美国、欧盟、俄罗斯等发达国家市场（见图 5-2），而在“丝绸之路经济带”沿线国家特别是发展中国家跨境电商平台的出口十分有限，甚至很多国家基本为零。究其原因，主要来自两个方面：一是不同国家的网络建设水平差异很大，很多国家互联网覆盖率和智能手机覆盖率都比较低；二是文化差异带来的交流障碍和新产品开发困境，改革开放后，我国引进了大量发达国家的文化产品，加深了我们对这些国家和地区文化的认识，但对广大发展中国家文化我们则十分陌生。跨境电商与传统外贸和国内电商相比，具有跨文化的特性，国内电商的同质文化属性自不必言，传统外贸因为形成于“禀赋效应”、生产优势下的大宗商品往来，并不关注基于需求的差异文化。

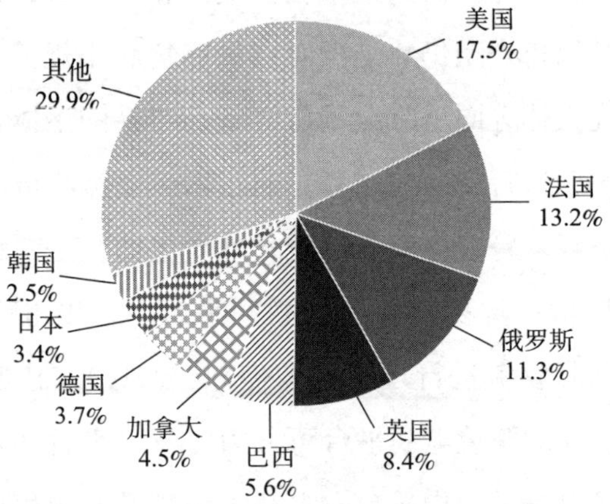

图 5-2　2018 年中国出口跨境电商国家及地区分布

资料来源：《2018 年度中国跨境电商市场数据监测报告》。

（三）“丝绸之路经济带”共建倡议与跨境电商平台发展的契合性

1. “丝绸之路经济带”共建倡议的本质

“丝绸之路经济带”共建倡议是党和国家在后金融危机时代对开放发展所提出的重大战略指向，其基本战略判断是以英美为主导的“中心—外围”全球化发展模式不可持续，新的全球化发展模式必然转向多极化和多中心。“丝绸之路经济带”共建倡议的本质是实现迥异于海洋经济一体化的陆地型经济合作发展模式。陆上国家间的山水相连与海上国家间的大洋阻隔是两种国际经济合作类型差异在自然环境上的根本原因，而自然环境的这一差异又造就了两种经济合作路径上的根本不同。区别于海洋经济一体化中以生产为中心、以“禀赋效应”为驱动的标准化大宗商品贸易，“丝绸之路经济带”共建倡议是强调以需求为中心、以“本地市场效应”为驱动的中小宗商品贸易。“丝绸之路经济带”共建中的贸易往来将以文化上的相互尊重、相互理解为前提，强调满足本地文化特征的多样性需求，而在海洋经济一体化当中贸易就是生产优势方向劣势方的产品输出，贸易规则以及相应文化的输出与产品输出同时发生，其根本作用在于推进产品输出。

需要指出，尽管“丝绸之路经济带”共建倡议旨在复兴古丝绸之路繁荣的动因，但它的范围已不再限于陆地国家和地区之间，伴随着20世纪后半叶以来的交通运输革命、互联网革命、大宗商品生产技术扩散和海洋探险空间压缩，“地球村”时代日益临近，这初始于陆地国家和地区之间的文明合作模式已经可以作为全世界经济合作的普遍范式。这种国家和地区间相互尊重的合作模式相较以往英美国家单向输出制度和进行文化征服的国际交往形式（英美主导的全球化）在未来更能推进国家和地区间合作，更能推动世界各国未来的合作共赢，“丝绸之路经济带”共建倡议以及它的进一步发展“一带一路”共建倡议的提出是人类社会发展在历史新阶段的内在要求，可以成为全世界经济合作共赢普遍的可行路径。“一带一路”共享着相同的发展模式和发展理念。

2. 电商平台、跨境电商平台对传统贸易模式的革命

电商平台和跨境电商平台的兴起带来了世界范围的贸易模式革命——从传统贸易模式的大宗商品层级分销制向中小宗商品的点对点直销制转变。在传统贸易模式下，商品生产强调规模化和标准化，商品销售则表现为逐级分销，无论国际贸易还是国内贸易均是如此。所设定的贸易规则也普遍服务这一贸易特征，从跨境贸易的价格表示方法 FOB、CIF 到通关、物流和商检流程，从国内贸易的三级批发制到逐步缩小的区域代理商。在传统的对外贸易中，大宗商品倾销得益于两个基础前提：一是海洋所提供的低廉的运输成本，二是生产规模不断扩大过程中规模收益所带来的生产比较优势。大宗商品倾销需要两个方面的条件：一是工业制成品的标准化，二是贸易规则的标准化。但随着大宗商品运输成本的提升与交易量的下降，以及互联网、物联网发展带来的便捷，以中小宗商品贸易为核心的贸易结构转型成为可能。区别于传统的贸易模式，电商、跨境电商的不同之处在于：在交易链条方面，跨境电商平台服务于中小宗商品贸易，区别于传统外贸“国内生产商—国内贸易商—国外分销商—国外零售商—终端消费者”的交易链条，跨境电商的交易链条缩减为“国内生产商—国内贸易商—终端消费者”，跨境电商平台直接面向消费者进行中小宗商品直销，即跨境电商平台卖家将从国内生产商购买的产品置于平台上零售，直接对接终端消费者。在资金周转方面，交易链条的缩短意味着跨境电商资金周转的便利。传统外贸多属于批量采购，通过海上船运，运输距离长，交易时间长，资金回款周期便也拉长；而跨境电商采用零售模式，单次成交额小，资金回款周期短。在贸易成本方面，传统贸易所花费的成本主要包括买卖过程中所需要的信息、交易、契约、控制等方面的成本，而跨境电商平台降低了贸易成本，也改变了信息成本的结构，提升了对外贸易的效

率。在交易方式方面，跨境电商平台的信息化服务不仅使国际贸易的交易工具、付款方式、交付方式变得更便利、更快捷，更将订单、发票、提货单、海关申报单、进出口许可证等日常往来信息数字化、标准化，提升了通关效率（卢永刚，2005）。

3. “丝绸之路经济带”共建倡议与跨境电商平台发展的契合性

通过对“丝绸之路经济带”共建倡议本质和电商平台推动传统贸易模式革命动因的分析不难看出，两方面存在高度的契合性。首先，“丝绸之路经济带”的合作发展以“本地市场效应”为驱动力，需要服务差异文化、服务本地市场的中小宗商品贸易作为合作发展的载体；其次，跨境电商平台区别于传统贸易模式的根本特征在于它基于互联网和物联网技术服务满足个体化需求的中小宗商品贸易。这种契合性既为跨境电商平台在“丝绸之路经济带”沿线发展提供了得天独厚的宏观环境，也要求跨境电商平台充分认识到其根本特质在于服务差异化文化，充分认识到跨文化组织传播是跨境电商平台必须承担的企业责任。

（四）跨文化组织传播：“丝绸之路经济带”跨境电商平台的本质特征

1. “丝绸之路经济带”跨境电商平台的特质

跨境电商平台与国内电商平台的最主要区别在于跨文化障碍。正如前文所说，目前与我国跨境电商发展较好的正是我们文化产品引进较多、在文化上更为熟悉的西欧、北美和东亚等地区。“丝绸之路经济带”共建尽管相较美欧地区更需要跨境电商参与，但大部分国家之间实际业务开展却几乎为零。究其原因就在于跨境电商平台并没有认识到“丝绸之路经济带”上的跨境电商平台必须承担起跨文化组织传播的功能。这种功能的产生既源自“丝绸之路经济带”对于经济合作发展模式的内在要求，也源自电商平台自身产业存在的贸易特征。

跨境电商平台，特别是“丝绸之路经济带”上的跨境电商平台，作为一个开展跨国贸易的企业组织，消除跨越文化障碍是其必须承担的组织功能，也是其根本特质所在。所谓组织，是指这样一个社会实体，它具有明确的目标导向和精心设计的结构与有意识协调的活动系统，同时又同外部环境保持密切的联系。所谓组织传播就是组织成员之间、组织内部机构之间、组织与更大的社会环境之间的信息交流和沟通。具体地说，组织传播是由各种相互依赖的关系结成的网络，为应付外部环境的不确定性，也是为了完成组织目标而创造和交流信息的过程。组织传播既是保障组织内部正常运行的信息纽带，也是组织作为一个整体与外部环境保持互动的信息桥梁。因此，组织传播包括组织内传播和组织外传播两个方面，两方面各具特点并且功能不同。组织内传播是指，信息沿着一定组织活动关系（部门、职务、岗位以及其隶属或平行关系）环节在组织内流通的过程，其功能在于内部协调、指挥管理、决策应变和形成共识。组织外传播是指，组织与其外部环境进行信息互动的过程，其功能在于改进和提升组织生存发展环境、谋求组织间合作空间，包括信息输入与信息输出两方面，实现组织外传播的部门分为信息输入部门和信息输出部门。

组织传播同样在跨文化传播中具有重要功用。跨境电商平台的跨文化组织传播途径主要体现在四个方面：一是对本国入驻商户有组织地开展目标开发地区文化教育；二是主动开发并建立与目标开发地区文化相匹配的平台界面；三是对目标开发地区入驻商户进行平台文化宣传使其尽快融入跨境电商平台运营环境；四是在目标开发地区进行符合其文化氛围的平台宣传推广。每一种文化都有其自身的特性，这种特性体现在这一地区、民族特有的价值体系、思维方式以及生活行为习惯上。跨境电商能够成功地进入一个新市场，必须真正实现文化上的高度契合，有针对性地与目标市场人群进行互动，在文化认同上引发消费者的情感共鸣。目前“丝绸之路经济带”跨境电商平台发展的现状是，大部分国内发展较好的平台并没有认识到“丝绸之路经济带”共建倡议所蕴含的巨大商机，并没有主动去承担平台跨文化传播的职能，依然把平台建设和组织文化传播视为风马牛不相及的两个独立事项。由此导致了“丝绸之路经济带”跨境电商平台停滞不前的窘境。

2.“丝绸之路经济带”跨境电商平台发展存在的主要问题

首先，缺乏对目标市场的文化认知和文化认同，不能销售适合目标市场文化的产品。大多数消费者对不确定或不熟悉的事物存在一定的规避心理或防御心理。跨境电商平台缺乏对目标市场人群文化特质的了解，只是单纯地把已有市场产品原样呈现给新用户，尚没有开展广泛的文化建设，没有进行与地域文化自尊和价值观念相吻合的产品开发，自然也就不能契合“丝绸之路经济带”沿线国家和地区“本地市场”的需求，进而不能摆脱平台所面临的一系列跨文化困境。这种跨文化困境一方面源自主观上是能意识到文化差异的存在，或者即使意识到了又带有文化偏见乃至文化歧视，不能以文化为立足点来满足消费者真正的需求；另一方面源自客观上我国跨境电商一直处于价值链中低端，大多数跨境电商仍秉承着以量取胜的策略，品牌形象不突出，产品同质化严重，平台定位模糊，同时由于组织内成员（其他国家入驻商家和本国平台管理方）互动中认知习惯不同，且文化差异会形成本土文化的概念固着化，在组织内的不同文化的互动认知中也常常造成沟通错位。

其次，缺乏基于目标市场差异文化的系统规划和与其文化特征相符的独立平台界面建设。在“丝绸之路经济带”共建倡议下，每一个差异化文化的市场都需要系统化地独立开发，文化的相互尊重仅仅停留在口头上只会使市场开发工作停滞不前。这种系统化的开发不仅包括与其文化特征相符的独立平台界面建设，更重要的是，如何争取目标地区商家的入驻以及国内入驻商家愿意为目标地区提供文化专属性产品。实现这些目标都需要跨境电商平台的跨文化组织传播，这种传播需要系统规划，这在当前恰恰是我国跨境电商平台所最为缺乏的。

最后，市场定位不够明确，产品同质化严重。当前，我国跨境电商平台有着不同的发展历程。有些跨境电商平台建立之初便从事跨境电商贸易，经过不断发展占据较大的市场份额；有的从传统的跨境贸易方式转型；有的从国内的电商业务向跨境电商业务转型；有些跨境电商平台是不满足于国内市场的发展，为了开拓海外市场而主动拓宽业务模式。由不同发展轨迹汇聚的跨境电商平台，急于在跨境电商市场领域开疆拓土，而疏忽了自身的市场定位，导致跨境电商平台出现了混乱的局面。为了获得更大的经济利润，这些跨境电商平台纷纷增加业务模式，为用户提供更多的商品，导致同类商品过度集中化，大多数的跨境电商平台之间没有形成清晰的市场定位和有效的盈利模式，许多跨境电商平台的服务模式基本相同，进而引发了同质化竞争下的价格战，再加上缺乏有效监管，导致跨境电商商品的质量不能得到保证，不但对用户造成了一定的损失，许多跨境电商平台也在这种竞争模式下用户流失严重，导致持续亏损（郑莹，2020）。

（五）推进“丝绸之路经济带”跨境电商平台跨文化组织传播的建议

“丝绸之路经济带”既是经贸往来之通衢，也是文化交融之大道，这就要求文化间交流与经贸合作不能浮于表面。推动“丝绸之路经济带”跨境电商平台的发展关键在于推进其有效地开展跨文化组织传播。基于此，提出如下建议：

第一，对平台入驻商户开展针对目标市场独特文化的主动教育。跨境电商平台要发展，首先就要研究目标市场所处的文化环境，通过组织系统自上而下地进行大范围、系统化且有针对性的学习与培训。这种培训既包括目标市场的风俗习惯、风土人情，还包括对跨越语言障碍软件使用的组织学习；既包括对入驻商户的培训，也包括对平台运行员工的培训。特别是语言障碍，作为阻碍跨境电商平台发展的一个重要因素，它不仅局限于基础的听、说、读、写能力，还包括文化差异、商业习惯差异等。在培训之外，引进语言方面人才进入平台服务体系是一种提高平台文化融入能力的捷径，“丝绸之路经济带”很多国家或与我国毗邻，或与我国某些少数民族语言相通，在平台建设中吸引这方面的人才同样十分重要。

第二，主动构建符合目标市场文化要求的平台界面，实现多语种产品介绍。在了解当地文化的基础上，主动构建符合目标市场文化要求的电商平台界面，将当地文化固有的属性附着于商业行为，以平台每一个界面为文化载体，赋予这些界面更多的文化内涵。注重研究不同国家或地区目标客群的深层次的文化需求，将平台界面与产品文化功能阐释有机结合，激发起用户的消费情绪，使平台、产品与顾客产生情感共鸣，以此来实现跨境电商平台基于“本地市场”的精准定位，形成产品独特的竞争优势与市场优势（李辉，2020）。具体而言，在平台的设计、运营、物流保障、客户服务等方面，以文化为“黏合剂”，把目标市场的文化特质渗透于平台运营的各个方面，通过不同媒体、终端、区域和平台之间的组合，实现跨文化产业链的最优化。

第三，扩大跨境电商平台在目标市场的品牌影响力，提升品牌在目标市场的文化认同度。品牌是影响跨境电商平台市场影响力的又一重要因素，无论是平台的品牌化还是产品的品牌化，都要考虑品牌的适调性及其在目标市场的定位。品牌的塑造，能够提高用户的黏性，能够获得消费者的忠诚度和终身价值。特别是对于跨境电商平台来说，缺少自身独特的品牌形象更难以在异域文化中打开局面。本质上，品牌是基于文化因素的宣传推广符号。面对不同的消费群体、消费理念及心理需求，跨境电商平台要在国际化整体定位基础上，将目标市场文化主题融合进品牌这种符号载体，使该地区消费者更能接纳和忠诚于品牌，文化顺应具有必要性，可以考虑借助于销售国的地方文化活动有效地展示品牌的影响力（石定华，2019）。此外，如文化差异导致了目标地区与本国品牌难以一致，跨境电商平台也可以建立基于目标地区的品牌独立站。独立站品牌的商标标识、图片展示、商品描述、关键词的搜索等，毫无疑问会更符合目标市场的风土习惯。

第四，需要特别强调的是，跨境电商平台需要充分认识到“丝绸之路经济带”共建是未来全球化发展的历史趋势，这对跨境电商平台既是机遇也是挑战，只有破除国内电商平台经营中的固化思维，勇于承担跨境电商平台所应承担的跨文化组织传播职能，挑战才会转变为机遇。

专题四　文化产品国际贸易助推“丝绸之路经济带”合作发展研究

对“政府传播—组织传播—大众传播”路径，本书选择了政府推进文化交流的主要形式——基于文化产业（基于人际传播的国际旅游除外）的跨文化传播当中关键的环节国际文化产品贸易。文化产业以进行精神产品生产和创作的企业组织或非营利组织为构成，是这些生产性组织聚合而形成的一个执行文化生产和传播的产业。对于国内文化产业而言，其既包括文化生产性组织（如影视制作公司），也包括文化传播性组织（如电视台、电台等大众传媒经营机构）以及两者之间的纽带文化产品贸易。但对于跨文化传播而言，关键之处既不在于母语文化中的生产性组织，也不在于异域文化中的传播性组织，而是在于搭建两者之间桥梁的国际文化产品贸易。因此本书对“政府传播—组织传播—大众传播”路径的研究重点聚焦于这一领域。

（一）我国文化产品国际贸易的发展现状

针对我国文化产品国际贸易的发展现状，本书选取了图书、期刊、报纸等传统纸质文化产品，录音、录像、电子出版物等电子文化产品以及电视节目等研究对象分别进行分析。

1. 我国传统纸质文化产品的国际文化产品贸易现状

对以图书、期刊和报纸等传统纸质文化产品为载体的我国国际文化产品贸易来说，本研究重点考察 2019 年的贸易总量。数据显示，就 2019 年的中国文化产品国际贸易总量而言，贸易逆差较为明显（见图5-3、图5-4）。对以传统纸质文化产品为媒介的文化传播与交流活动来说，其进出口数量与金额均表明我国文化产品的国际传播影响力尚待加强。以图书进出口为例，国家统计局数据显示，我国2019年图书出口总量为1134.37万册，而图书进口总量为3139.18万册；图书出口总金额是5521.35万美元，而进口总金额是24147.74万美元。通过数据比较发现，进口图书总量高于出口图书总量2004.81万册，进口总金额高于出口总金额18626.39万美元，更准确地说，我国图书进口总金额是出口总金额的4.37倍。就期刊而言，虽然进口总量略低于出口总量，然而，进口总金额却远远高于出口总金额，表现出非常明显的贸易逆差。《中国统计年鉴2020》显示，2019年我国期刊出口总量为294.87万册，而进口总量为295.34万册；2019年我国期刊出口总金额为516.34万美元，而进口总金额达到了13365.54万美元，进口总金额是出口总金额的25.89倍。就报纸而言，无论是进出口总量还是进出口总金额同样表现出非常明显的贸易逆差。2019年我国报纸出口总量为43.61万份，而进口总量为771.98万份，其中进口是出口的17.7倍；2019年我国报纸出口总金额为42.00万美元，而进口总金额为1047.23万美元，进口是出口的24.93倍，两者之间差距十分巨大。

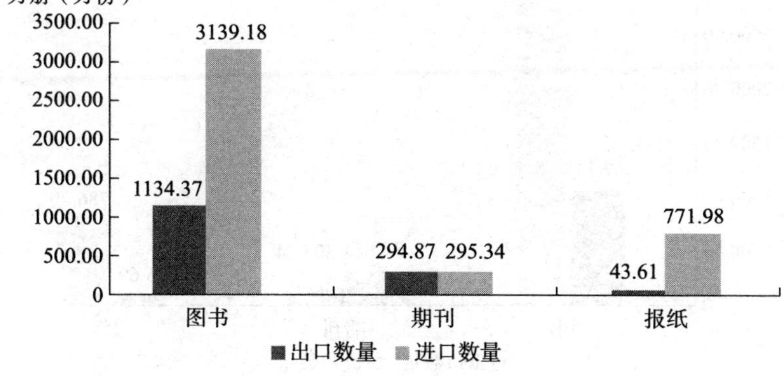

图5-3　2019年传统纸质文化产品进出口数量

资料来源：《中国统计年鉴2020》。

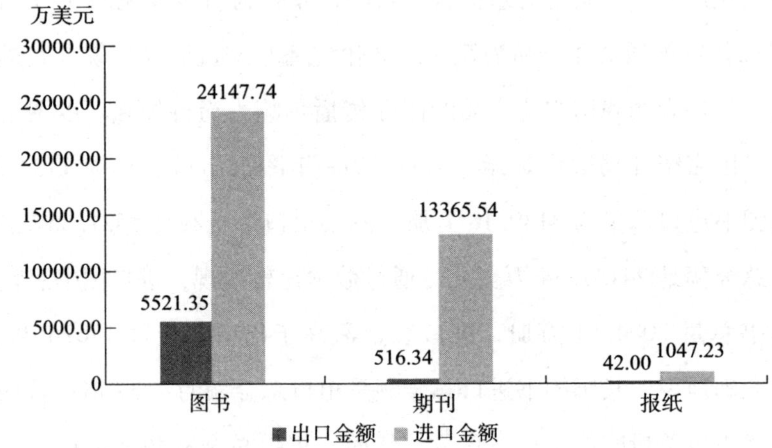

图 5-4　2019 年传统纸质文化产品进出口金额

资料来源：《中国统计年鉴 2020》。

通过对以上数据与 2018 年数据进行比较（见图 5-5、图 5-6）可以发现，数据的显示规律具有一致性。不难看出，我国图书、期刊和报纸等传统纸质文化产品均存在显著的国际贸易逆差，在国际文化传播中发挥的国际影响力远低于外国文化对我国文化发挥的国际影响力。

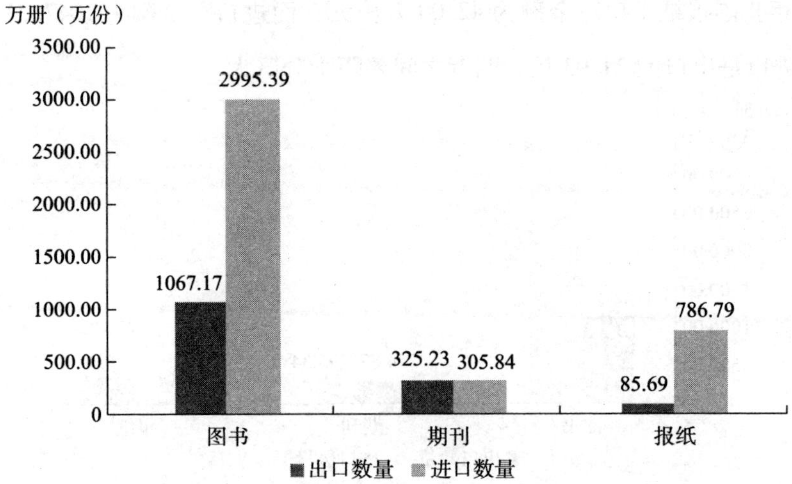

图 5-5　2018 年传统纸质文化产品进出口数量

资料来源：《中国统计年鉴 2019》。

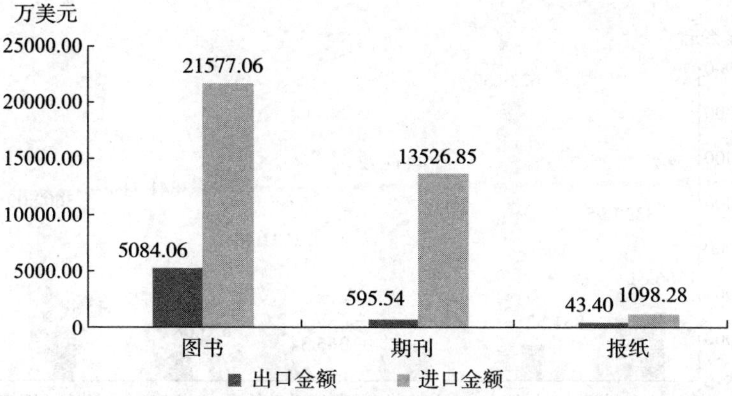

图 5-6　2018 年传统纸质文化产品进出口金额

资料来源：《中国统计年鉴 2019》。

进一步观察进出口图书的细分门类可以发现，近年来哲学社会科学、文化教育、文学艺术、自然科学技术、少儿读物以及综合性图书等不同门类图书均出现了进口总量大于出口总量的现象（见图 5-7）。同样，各门类图书进出口总金额也都出现了进口总金额高于出口总金额的现状，表现出了非常明显的贸易逆差（见图 5-8）。这一分类数据进一步说明了我国图书、期刊和报纸等传统纸质文化产品国际贸易逆差并不是由某一特殊领域引起的，而是在所有领域全方位地存在。

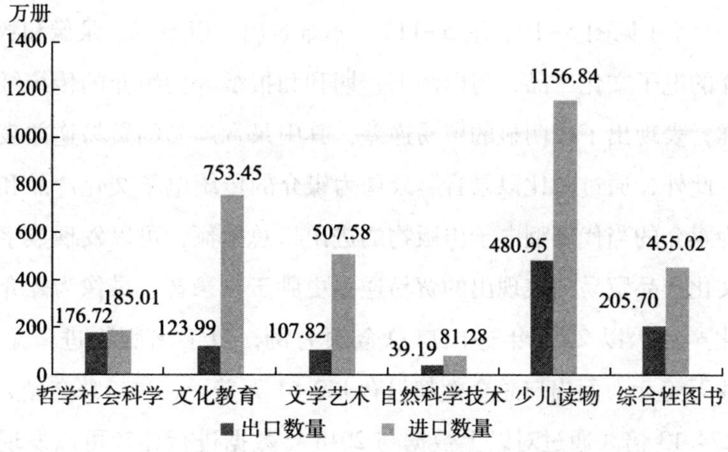

图 5-7　2019 年各门类图书进出口数量

资料来源：《中国统计年鉴 2020》。

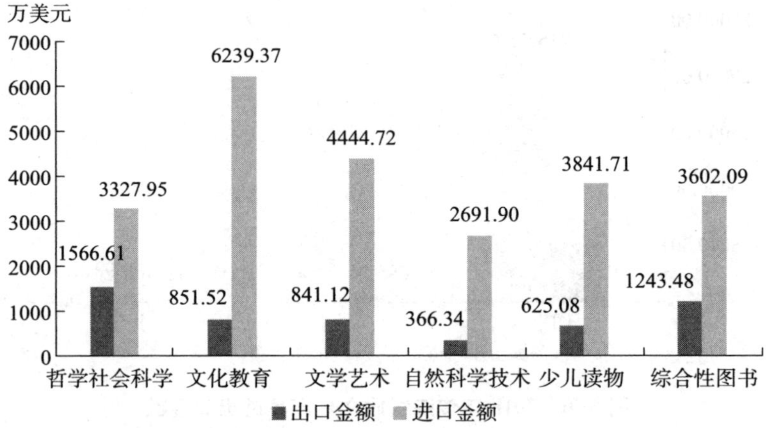

图 5-8　2019 年各门类图书进出口金额

资料来源：《中国统计年鉴 2020》。

2. 我国电子文化产品的国际文化产品贸易现状

国家统计局《中国统计年鉴 2020》数据显示，2019 年我国录音、录像文化产品出口总量为 11126 盒（张），而进口总量为 113804 盒（张），进口总量比出口总量多 102678 盒（张），进口总量是出口总量的 10. 23 倍（见图 5-9）；2019 年我国录音、录像、数字出版物文化产品出口总金额为 205. 9 万美元，进口总金额为 41116. 31 万美元，进口总金额是出口总金额的 199. 69 倍（见图 5-10、图 5-11）。不难看出，以录音、录像和数字出版物为媒介的电子文化产品，与以图书、期刊和报纸等为媒介的传统纸质文化产品一样，表现出了较明显的贸易逆差，其中录音产品的贸易逆差表现得最为明显。此外，通过对比以录音、录像为媒介的传统电子文化产品和以数字出版物为媒介的当代新型电子出版物的进出口总金额，可以发现数字出版物在国际文化产品贸易中表现出的贸易逆差更胜于以录音、录像为媒介的传统电子文化产品。以 2019 年进出口总金额为例，数字出版物进口总金额为 41012. 14 万美元，而出口总金额却只有 149. 61 万美元，进口总金额为出口总金额的 274. 13 倍。通过对以上数据与 2018 年数据进行比较可以发现，数据所显示的规律在近年来具有一致性。

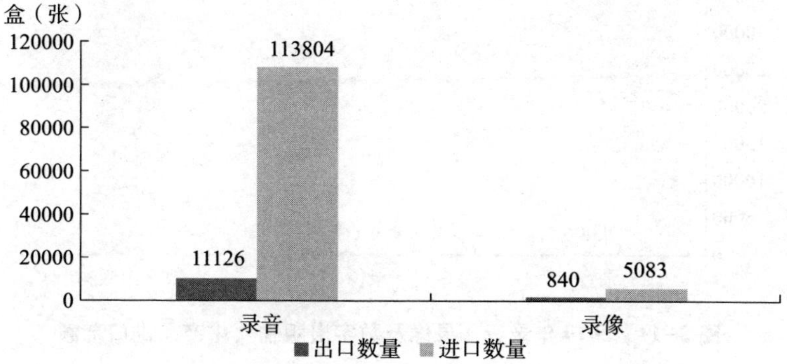

图 5-9　2019 年录音与录像文化产品进出口数量

资料来源：《中国统计年鉴 2020》。

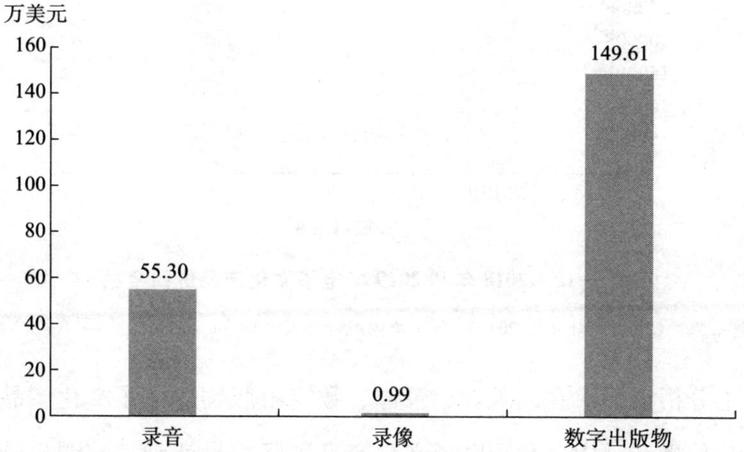

图 5-10　2019 年录音、录像及数字出版物文化产品出口金额

资料来源：《中国统计年鉴 2020》。

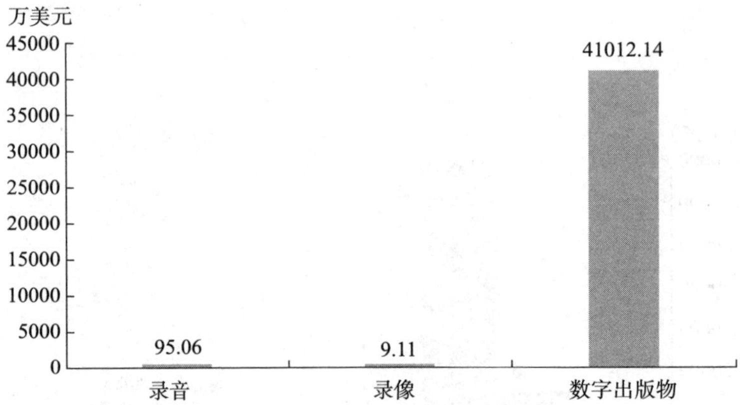

图 5-11　2019 年录音、录像及数字出版物文化产品进口金额

资料来源：《中国统计年鉴 2020》。

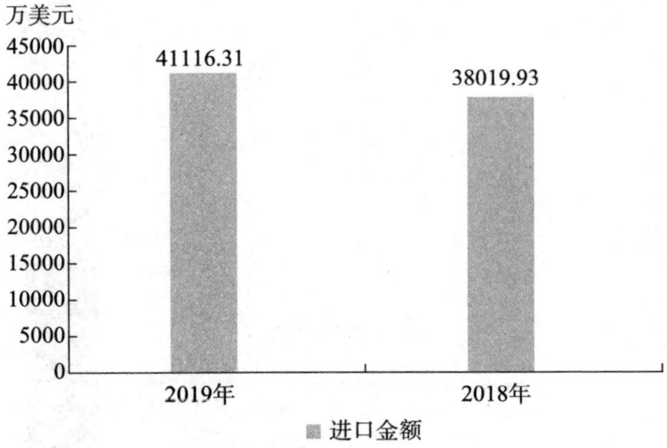

图 5-12　2018 年和 2019 年电子文化产品进口金额

资料来源：《中国统计年鉴 2019》和《中国统计年鉴 2020》。

以上分析说明，在以录音、录像、数字出版物等电子文化产品为媒介的跨文化传播活动中，我国电子文化产品国际贸易活动存在明显的问题和局限性，尤其是以进出口总量或总金额为表现形式的贸易逆差相较以图书、期刊和报纸为代表的传统纸质文化产品更加严重。

3. 我国版权引进与输出的国际文化产品贸易现状

国家统计局《中国统计年鉴 2019》和《中国统计年鉴 2020》数据显

示，在版权引进和输出方面，2018 年我国引进版权数为 16829 项，输出版权数为 12778 项，版权引进总量大于输出总量；2019 年我国引进版权数为 16140 项，输出版权数为 15767 项，版权引进总量同样大于输出总量。与之前分析的传统纸质文化产品和电子文化产品一样，我国版权进出口领域也表现出较为明显的贸易逆差。

我国文化产品在版权引进和输出领域存在巨大贸易逆差，那么我们的版权主要从哪些国家或地区输入呢？《中国统计年鉴 2019》数据显示，我国 2018 年从美国引进版权 5047 项，从英国引进版权 3496 项，从德国引进版权 881 项，从法国引进版权 1024 项，从俄罗斯引进版权 83 项，从加拿大引进版权 127 项，从新加坡引进版权 228 项，从日本引进版权 2075 项，从韩国引进版权 124 项，从中国香港地区引进版权 266 项，从中国澳门地区引进版权 1 项，从中国台湾地区引进版权 824 项，从其他国家和地区引进版权 2653 项。以上数据表明，我国从英语国家引进版权总数最多，以英语语言文化为载体的文化产品占据了我国版权输入的最主要份额（见图 5-13）。同样，《中国统计年鉴 2020》数据显示，我国 2019 年从美国引进版权 4346 项，从英国引进版权 3467 项，从德国引进版权 1234 项，从法国引进版权 1065 项，从俄罗斯引进版权 83 项，从加拿大引进版权 110 项，从新加坡引进版权 271 项，从日本引进版权 2260 项，从韩国引进版权 408 项，从中国香港地区引进版权 218 项，从中国澳门地区引进版权 3 项，从中国台湾地区引进版权 826 项，从其他国家和地区引进版权 1849 项。以上数据与 2018 年具有一致性（见图 5-14）。这些数据说明，在文化产品国际交流舞台上，我国文化产品的国际传播力与竞争力远不及英语语言文化产品。

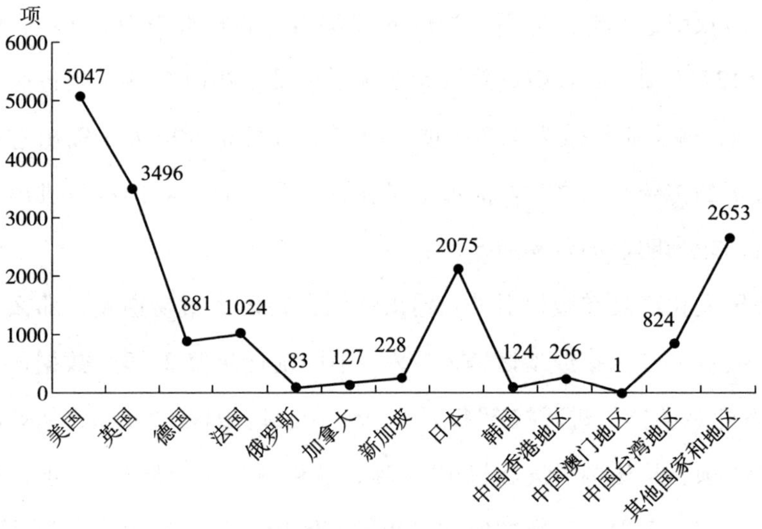

图 5-13　2018 年我国版权引进国家和地区分布

资料来源：《中国统计年鉴 2019》。

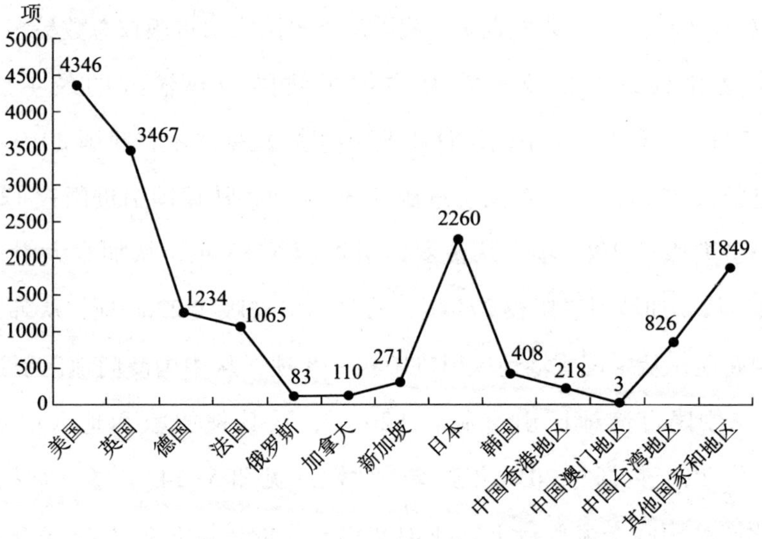

图 5-14　2019 年我国版权引进国家和地区分布

资料来源：《中国统计年鉴 2020》。

对于版权输出来说，我们的版权究竟输出到哪些目的国？《中国统计年鉴 2019》数据显示，2018 年我国向美国输出版权 1228 项，向英国输出版权

533 项，向德国输出版权 507 项，向法国输出版权 286 项，向俄罗斯输出版权 477 项，向加拿大输出版权 226 项，向新加坡输出版权 430 项，向日本输出版权 424 项，向韩国输出版权 587 项，向中国香港地区输出版权 805 项，向中国澳门地区输出版权 67 项，向中国台湾地区输出版权 1552 项，向其他国家和地区输出版权 5656 项（见图 5-15）。《中国统计年鉴 2020》数据显示，2019 年我国向美国输出版权 1145 项，向英国输出版权 541 项，向德国输出版权 425 项，向法国输出版权 230 项，向俄罗斯输出版权 993 项，向加拿大输出版权 166 项，向新加坡输出版权 547 项，向日本输出版权 397 项，向韩国输出版权 955 项，向中国香港地区输出版权 1204 项，向中国澳门地区输出版权 49 项，向中国台湾地区输出版权 1596 项，向其他国家和地区输出版权 7519 项（见图 5-16）。以上数据说明，尽管英语语言文化产品在我国版权输入领域独占鳌头，但是，我国文化产品在版权输出过程中并未具有同等表现，这充分说明，相比英语语言文化产品，我国文化产品的国际传播力和影响力仍然处于弱势。

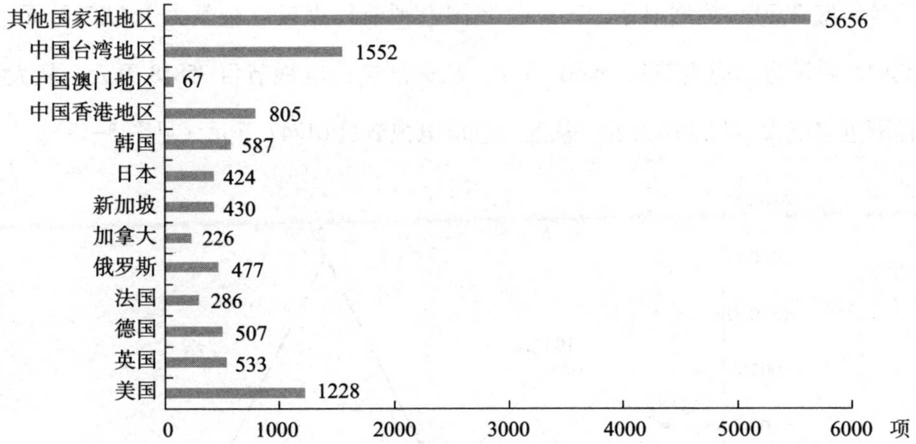

图 5-15　2018 年我国版权出口国家和地区分布

资料来源：《中国统计年鉴 2019》。

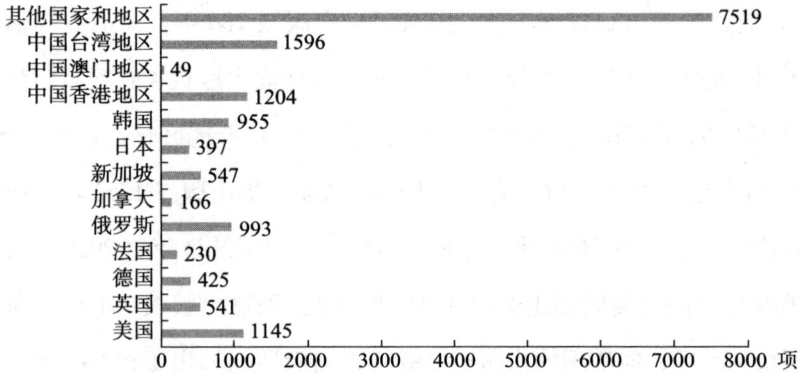

图 5-16　2019 年我国版权出口国家和地区分布

资料来源：《中国统计年鉴 2020》。

4. 我国电视节目的国际文化产品贸易现状

就电视节目进口而言，《中国统计年鉴 2019》数据显示，2018 年我国电视节目进口总金额为 360621 万元，其中从欧洲进口电视节目 51882 万元，从美洲进口电视节目 104726 万元，从大洋洲进口电视节目 1379 万元，从亚洲进口电视节目 202627 万元，从非洲进口电视节目 7 万元（见图 5-17）；《中国统计年鉴 2020》数据显示，2019 年我国电视节目进口总金额为 164303 万元，其中从欧洲进口电视节目 26281 万元，从美洲进口电视节目 75818 万元，从大洋洲进口电视节目 457 万元，从亚洲进口电视节目 61747 万元（见图 5-18）。

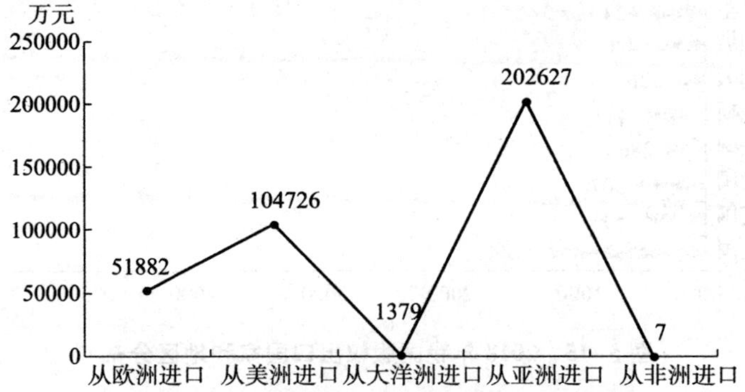

图 5-17　2018 年我国电视节目进口金额

资料来源：《中国统计年鉴 2019》。

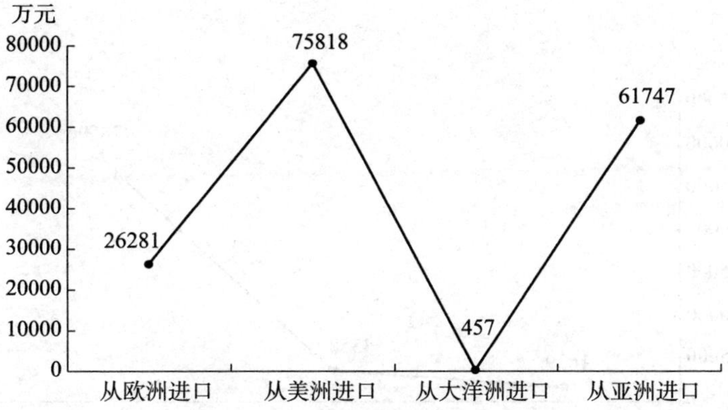

图 5-18　2019 年我国电视节目进口金额

资料来源：《中国统计年鉴 2020》。

就电视剧进口而言，《中国统计年鉴 2019》数据显示，2018 年我国进口电视剧总金额为 80657 万元，其中从欧洲进口电视剧 5729 万元，从美洲进口电视剧 36435 万元，从亚洲进口电视剧 38293 万元，从大洋洲进口电视剧 200 万元（见图 5-19）；《中国统计年鉴 2020》数据显示，2019 年我国进口电视剧总金额为 33793 万元，其中从欧洲进口电视剧 1639 万元，从美洲进口电视剧 3558 万元，从亚洲进口电视剧 28596 万元（见图 5-20）。

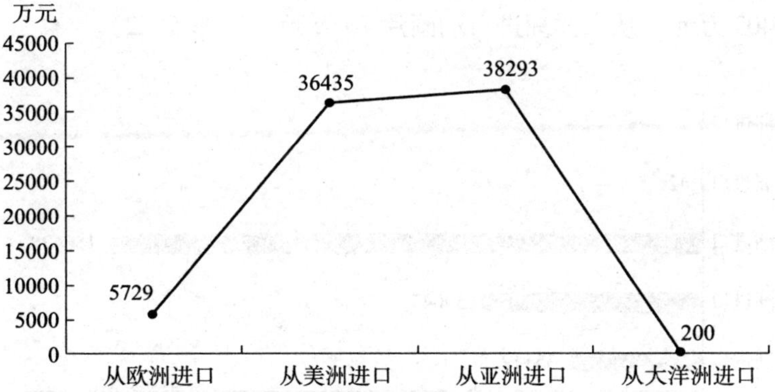

图 5-19　2018 年我国电视剧进口金额

资料来源：《中国统计年鉴 2019》。

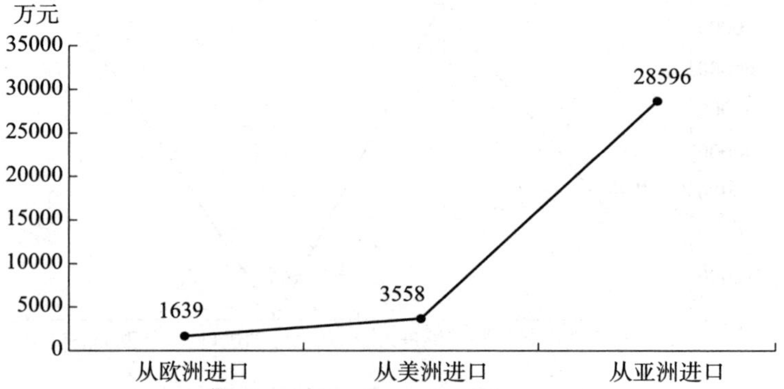

图 5-20　2019 年我国电视剧进口金额

资料来源：《中国统计年鉴 2020》。

就动画片进口而言，《中国统计年鉴 2019》数据显示，2018 年我国进口动画片总金额为 250634 万元，其中从欧洲进口动画片 35112 万元，从美洲进口动画片 59045 万元，从亚洲进口动画片 156428 万元，从大洋洲进口动画片 42 万元，从非洲进口动画片 7 万元（见图 5-21）；《中国统计年鉴 2020》数据显示，2019 年我国进口动画片总金额为 108290 万元，其中从欧洲进口动画片 18568 万元，从美洲进口动画片 62249 万元，从亚洲进口动画片 27403 万元，从大洋洲进口动画片 70 万元（见图 5-22）。

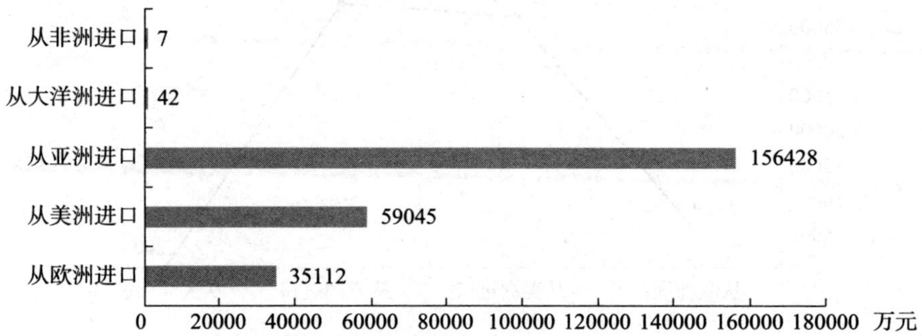

图 5-21　2018 年我国动画片进口金额

资料来源：《中国统计年鉴 2019》。

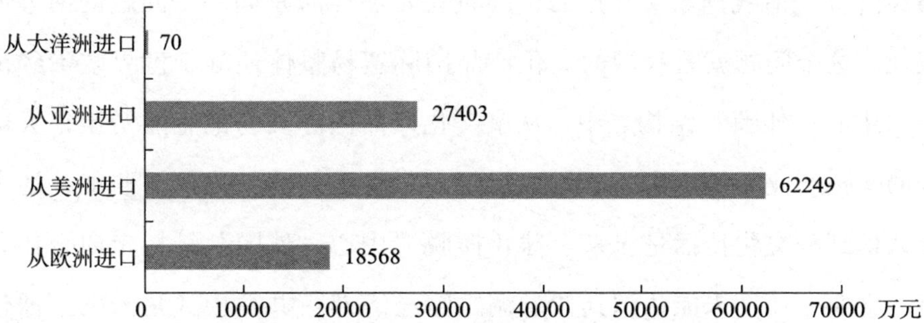

图 5-22 2019 年我国动画片进口金额

资料来源：《中国统计年鉴 2020》。

上述不同类型电视节目的国际贸易均显示出近年来来自亚洲和美洲的进口远超其他地区，亚洲进口主要源自日本、韩国等与我国具有相近文化背景的地区，属同质间文化交流；而美洲电视节目进口主要来自美国，说明美国文化目前对我国具有重要影响。

（二）“丝绸之路经济带”文化产品国际贸易发展存在的问题

通过以上我国文化产品国际贸易发展现状的分析可以得到两条基本结论：其一，我国在文化产品国际贸易上存在严重的贸易逆差，整体表现为一个文化产品的被输入国，输入来源既包括国际政治经济“中心—外围”结构的“中心”美国，也包括以日本和韩国为代表的文化同质化或文化近似地区；其二，我国与“丝绸之路经济带”沿线国家文化产品国际贸易在整体贸易额中比重非常低，美国、日本和韩国构成了我国文化产品国际贸易的主要交易方。我们进一步地追问是以上两种表现是否存在内在联系？我国文化产品国际贸易为什么难以开展或者说存在的问题究竟在哪里？基于不同的经济和文化理论本书归纳了以下五个方面问题：

1. 对文化产品国际贸易在跨文化传播上的重要性认识不足

我国在文化产品国际贸易上存在严重的贸易逆差与我国同“丝绸之

路经济带”沿线国家文化产品国际贸易发展停滞是同一个问题的两方面表现。这个问题就是我国的文化产品国际贸易整体还处于世界政治经济的“中心—外围”结构之中，从事文化产品国际贸易的企业乃至很大部分的文化产业还没有真正开始去承担中华文明的跨文化传播职能，还未能认识到跨文化传播是未来全球化摆脱“中心—外围”结构走向合作共赢的重要一环，未能认识到“丝绸之路经济带”共建模式是未来全球化发展的历史趋势，未能认识到文化交流而非单向的文化输出是“丝绸之路经济带”共建的灵魂。如前文分析指出，实现“丝绸之路经济带”上的文化交流就是实现多元文化的跨文化传播，而文化产品国际贸易恰恰是在文化产业方向推进跨文化传播的桥梁，若不能在这一高度上认识到文化产品国际间贸易的重要性，我国文化产品国际贸易当前的窘境就无法摆脱。

2. 政府对“丝绸之路经济带”沿线文化产品国际贸易支持不够

文化产品国际贸易尽管在形式上是一种市场化企业间行为，但它在本质上却具有显著的公共品属性。文化作为一种社会环境和社会氛围为所有社会公众所共享，文化产品生产具有显著的溢出效应，特别是推进“丝绸之路经济带”跨文化传播的文化产品，单纯依靠市场激励显然无法实现全社会资源在文化产业的最优资源配置。“丝绸之路经济带”共建倡议作为党和国家对未来全球化发展模式所进行的重大战略判断，引领着我国未来对外开放乃至国民经济的发展方向。文化的社会公共属性使得实现这种引领，依靠单纯的市场自发行为远远不够。市场资源配置在微观个体视角下的高效性和其在群体选择上的盲目性构成了一对矛盾，化解这种矛盾就需要政府干预性的支持和引导，通过政府政治、经济和文化等多种手段的干预把市场导向历史趋势的方向。当前我国“丝绸之路经济带”沿线文化产品国际贸易停滞的一个关键问题就是政府支持力度十分有限，政府的激励还没有足以让从事该领域的企业有所行动。

3. 贸易结构失衡，文化产品缺乏对我国文化的深度挖掘

由于不能理解文化产品国际贸易在“丝绸之路经济带”共建模式中的文化交流而非文化输出属性，对我国文化的深度挖掘和向世界其他国家和地区推广也就当然地缺乏重视。根据对中国文化产品贸易数据的分析，可以发现我国文化产品国际贸易存在严重的结构失衡。考察显示，文化产品贸易所实现的文化传播过程主要集中在以文化符号和文化活动为载体的浅显文化层面。围绕中国服饰（汉服、旗袍、中山装等）文化、节日习俗、剪纸、中国结、舞龙舞狮、武术（太极、咏春等）、京剧脸谱、十二生肖、茶文化、瓷器、旅游景点（长城等）等的工艺品在贸易结构中占有很大比重，存在一定贸易顺差，而中国的图书、期刊、版权、电子出版物、电视剧、动画片等对文化内涵、价值观深度挖掘的文化产品在贸易结构中却占比较低，贸易逆差也十分严重。

贸易结构失衡的另一个表现是同质文化联系紧密、贸易规模较大，异质文化缺乏交流、贸易规模较小（作为“中心”输出的英美文化除外）。这主要是因为文化产品国际贸易存在“文化折扣”现象，东亚地区（如韩国、日本）在地理因素和文化传统上与我国较为接近，在文化产品贸易时存在的“文化折扣”小，文化产品易于为消费人群所接受。但按照市场经济理论，市场高效的前提是人们的理性程度提升，而只有异质文化交流才能从根本上提高市场效率，同质文化在此方面则功能十分有限。

4. 缺乏对中华传统文化的根本性重视，文化产品国际贸易与中华文化跨文化传播被截然分开

由于不能把“丝绸之路经济带”共建模式下的文化产品国际贸易和“中心—外围”结构下的文化产品国际贸易区分开来，仍将贸易带动的文

化输出作为文化产业发展引擎的一种天然存在，自然就会导致文化产业对本民族传统文化重视不足，从而导致对"中心"地区文化输入的热衷。在这样的认识下，文化产品国际贸易与中华文化跨文化传播被截然分开，因此文化产业所从事的文化产品贸易被认为是一种市场化行为，而中华文化跨文化传播被认为与市场中的文化企业无关。这显然是错误的，从形式上中华文化的跨文化传播需要文化产业、文化产品的国际输出，而从本质上"丝绸之路经济带"共建需要文化与贸易建立新的互动模式。文化交流需要成为经贸合作的引领，文化产品国际贸易不仅仅是一个市场化行为，更是一个可以引领发展方向和形成发展动力的原因，在这种模式下断然不能将文化产品国际贸易与中华文化跨文化传播分开。不仅不能分开，还要让文化产品国际贸易成为中华文化跨文化传播的重要途径。

5. 缺乏高素质的跨文化人才，文化产品国际贸易达成效率偏低

当前我国文化产业正值高速发展时期，国内文化产业的强大市场内驱力使得国际文化产品贸易对人才的吸引力相对不足。特别是在"丝绸之路经济带"共建中的文化产品贸易，既需要高素质的跨文化人才，又难以赋予人才充分的市场激励，高素质人才匮乏成为一种普遍现象。这一普遍现象反过来又会形成对"丝绸之路经济带"上文化产品国际贸易的制约，从而形成一种恶性循环。对跨文化人才引进如在"丝绸之路经济带"文化产品国际贸易领域，政府激励的适时介入不仅能够有效破解这一恶性循环，还会有效地推进我国整体的跨文化传播。

（三）推进"丝绸之路经济带"文化产品国际贸易的政策建议

第一，各级政府应加大对"丝绸之路经济带"跨文化传播产品生产和国际贸易开展的支持力度。正如前文问题分析中指出，跨文化传播文化产品较强的公共品属性使得单纯依靠市场并不能达到我们期望的"丝绸之路经济带"文化产品国际贸易开展状态。庇古（1920）认为，实现具有正向

溢出效应的商品社会资源最优配置的合理方法是对这一正向溢出进行充分的政府补贴，也就是经济理论中所称的“庇古补贴”，只有这样自发市场由于产权设定缺乏而导致的市场错配才能得到有效控制。“丝绸之路经济带”共建中的跨文化传播产品的生产和国际贸易毫无疑问符合“庇古补贴”的要求。因此本书认为，我们各级政府应对从事“丝绸之路经济带”跨文化传播产品的生产和贸易型企业予以充分的重视，并给予其生产经营活动激励性的补贴。这种重视既要体现在通过表彰和奖励对企业社会声誉的营造上，更要表现在财政的支持上，要真正认识到“丝绸之路经济带”文化产品国际贸易是由“民心相通”到“贸易畅通”的关键，是值得政府进行大规模投资的。这里的财政支持既应包括直接给企业进行补贴（如对专项的文化产品生产和文化产品贸易设立奖励基金或进行税收减免），还应包括政府直接出面对文化产品的生产，特别是对我国经典文化著作和具有文化代表性影视剧的翻译工作，以及对“丝绸之路经济带”小语种翻译软件的开发工作。语言是跨文化交流最大的障碍，也是公共品属性最强的文化产品，在“丝绸之路经济带”共建的政府支持方面应该特别重视。

第二，各级政府应加大在文化企业中对“丝绸之路经济带”共建倡议意义的宣传，使其充分认识到这一共建模式是未来全球化的发展方向。企业经营具有路径依赖和变革求新的对立统一，特别是在企业发展模式调整中更是如此。“丝绸之路经济带”共建所体现出的文化产品贸易关系与海洋经济一体化完全不同，从海洋经济一体化的“贸易带动文化”到“丝绸之路经济带”共建的“文化带动贸易”对于企业经营发展理念将是一个全方位的转变。企业对这一转变会产生天然的路径依赖和惯性抵抗。政府的作用此时就应该凸显出来，通过广泛的政策宣传让市场中的企业充分地认识到“丝绸之路经济带”共建的历史意义，认识到后金融危机时代“中心—外围”结构将被历史淘汰，认识到只有主动投入“丝绸之路经济带”共建的历史潮流中企业才能实现长久的发展；反之，固守现有的经营模式在未来必将难以为继。只要市场中的企业充分地形成了对"丝绸之路经济带"共建意义的认识，产生了转变发展模式的意愿，"丝绸之路经济带"沿线国家和地区间文化产品国际贸易就具有了广泛开展的市场基础，而这种基础会通过跨文化传播从根本上推动"丝绸之路经济带"全面合作发展的展开。

第三，从国家层面应推动政府间文化产业合作，推动我国文化产品国际贸易的多元化。对于"丝绸之路经济带"共建而言，"政策沟通"是"贸易畅通"的有力推动，政府间通过制度对接和文化共建能够达到促进文化产业企业间业务往来事半功倍的效果。文化产品相比其他产品对此的要求更为迫切，这是因为文化产品在生产国形成后大多并不能立刻被引进国公众消费，它还需要翻译等跨文化传播处理，同时文化产品由于直接关联到一个国家或地区的社会价值观，其消费影响具有社会群体效应，处理好这些问题都需要政府间的有效合作。当前"丝绸之路经济带"沿线异质文化的国家和地区间文化产品国际贸易规模小的原因具有共通性，它们面临着共同的全球化发展环境变化以及相类似的旧有国际秩序文化地位，政府间的制度对接和文化共建是共同诉求，国家层面推动兼具合理性和可行性。

第四，要把文化产品开发根植于中华文化传统，真正将文化产品国际贸易与中华文化的跨文化传播融为一体。"丝绸之路经济带"共建的前提是文化上的相互尊重和相互理解，文化产品国际贸易的一个重要功用就是去实现这种对中华文化的跨文化传播，为达成这一功用文化产品的民族文化属性就显得尤为重要。上下五千年灿烂的中华文明创造了每一个华夏儿女都引以为傲的中华文化，也赋予了我们进行跨文化传播的中心内容。与"丝绸之路经济带"沿线国家和地区开展文化产品国际贸易根植于中国传统文化的产品开发必不可少。从三皇五帝的祖先溯源到文武周孔的文化构建，从周秦汉唐的盛世华章到宋元明清的文化传承，悠久的历史文化浸润了我们每一个人的血脉，也赋予了我们讲好中国故事的素材。以此为基础的文化产品开发不仅可以形成其他国家和地区公众强烈的文化吸引，也为我们清晰地阐释中华文化提供了丰富的载体。把文化产品开发根植于中华文化传统，文化产品国际贸易就可以真正实现与中华文化的跨文化传播融为一体。

专题五　国际旅游助推“丝绸之路经济带”合作发展研究

对于“政府传播—大众传播和组织传播—人际传播”这一跨文化传播路径，本书认为国际旅游在各种形式中规模最大、涉及人群最为广泛，对于推进“丝绸之路经济带”共建文化交流能够发挥的作用也更大，因此以这一跨文化的人际传播方式作为研究中心进行专题分析。与之前四个路径跨文化传播的关键环节是中间环节——跨文化桥梁不同，本路径上实现跨文化传播的关键是最后一个环节——人际传播，即国际旅游中游客在异域文化氛围中的实际文化获得，政府传播、大众传播和组织传播推动国际旅游形成的两个环节主要在政策建议中讨论。

2015年3月，国家发改委、外交部、商务部在博鳌论坛期间发布的《推动共建“丝绸之路经济带”和海上丝绸之路的愿景与行动》，明确提出旅游业在“丝绸之路经济带”背景下的重要作用，为“丝绸之路经济带”沿线国家和地区旅游业带动地方经济增长提供了重要契机（张军谋，2016）。如何通过国际旅游推动“丝绸之路经济带”共建？一个关键的理论命题摆在了我们面前：国际旅游在推动地区经济合作中的功能是什么？是拉动内需吗？如果是这样，是否意味着国际旅游跨文化传播的功能与“丝绸之路经济带”共建无关？长期以来关于旅游业与经济增长之间的关系乃至旅游业发展的定位都存在着基于凯恩斯主义经济学结论的形而上学理解。凯恩斯主义经济学认为市场会经常性地处于非出清的状态，而经济衰退的根本原因在于有效需求不足，因此刺激消费、拉动内需是减少失业和促进经济增长的有效手段。在这一逻辑中，旅游业的文化产业本质被整体忽略。事实真的如此吗？新古典经济学深信市场力量的有效性，认为市场这只“看不见的手”可以充分发挥作用，市场作为整个社会经济联系的纽带可以有效发挥资源配置功能。在微观经济学体系下旅游业的文化功能被凸显，旅游所实现的正是文化交流和文化传播，通过“行万里路”广阔见闻，从而在更广阔的范围内实现资源有效配置，推进经济发展。我们的疑惑是两种理论究竟谁在当下更为准确？在“丝绸之路经济带”共建中我们对国际旅游该如何定位，又该如何发展？本书希望对此进行尝试性的分析。

（一）文献综述

国外对于旅游促进国民经济增长的研究开始得较早，如 1899 年 L. Bodio 最早开始研究旅游经济，开各国学者研究现代旅游业经济效应的先河。但大部分旅游业与经济关系的研究没有集中关注旅游的文化传播功能，只是将其理解为扩大消费需求的方式。Mathieson 和 Wall 将乘数效应理论运用到旅游业，认为旅游消费能够促进国民收入的加倍增长。Archer 进一步发展旅游乘数理论，指出旅游乘数是指在经济系统中具有直接效应、间接效应和诱导效应的旅游消费变化与最初的直接变化的比率，通过此作用机制，会对整个旅游产业格局进行调整并最终促进一国经济的发展。20 世纪 70 年代以后，投入产出模型应用扩展到旅游业中，Henry 和 Deane 运用投入—产出模型估计爱尔兰国内旅游、入境旅游消费与当地经济的相关关系。在实证研究方面，Gunduzl 和 Hatemi-J 采用格兰杰检验研究了土耳其旅游发展与经济增长之间的因果关系。Dritsakis 收集希腊 40 年来的旅游收入与国民生产总值数据作为样本对象，利用格兰杰因果关系检验，指出希腊的经济增长与旅游收入之间存在着很强的格兰杰因果关系，经济增长和旅游业发展之间相互促进。Balaguer 和 Jorda 利用 1975—1997 年西班牙实际 GDP、实际国际旅游收入等相关变量建立经济学模型，分析得出旅游对于西班牙的经济增长具有拉动效应，验证支持了旅游驱动型经济增长的假设。国外学者对于“丝绸之路经济带”背景下旅游经济发展战略的专门研究还很少见，他们的相关研究主要集中在遗产旅游、文化旅游等方面。比如 Merwe（2016）在《南非导游对文化遗产旅游的认识》一文中指出，文化遗产旅游在南非作为一种重要的经济利基，国家旅游部门必须提高对南非贫困治理和管理不善的遗产资源的保护，维持和发展未来的文化旅游。

国内研究多集中在实证层面，但研究结论却不完全相同。刘晓红、李国平（2005）运用计量模型，定量分析了旅游外汇收入对经济增长的影响，认为旅游业对 GDP 的增长有明显的溢出效应。杨莉（2006）分析了大理旅游业对经济增长的弹性分析和拉动作用，认为二者之间存在相互影响的制约关系，旅游业能够通过增加资本投入的方式促进经济增长。杨敏、罗辉（2008）认为新疆国际、国内旅游收入与经济增长存在长期的协整关系，短期内新疆旅游业发展与经济增长不存在相互因果关系，而长期内却具有均衡的因果关系，而且国际旅游收入对经济的推动作用在时间上超前于国内旅游收入。杨建春（2010）通过协整分析和格兰杰因果关系检验发现贵州省旅游业发展与经济增长之间存在长期均衡的协整关系，短期内经济增长拉动了旅游业，但旅游业没有拉动经济增长。瞿华、夏杰长（2011）运用向量自回归模型对我国旅游业发展与经济增长关系进行实证研究，认为我国旅游业与经济增长存在长期均衡的稳定关系，并且是经济增长到国内旅游、国际旅游到国内旅游的单向因果关系。李兴江、马亚妮（2014）以“新丝绸之路”经济带涵盖的甘肃省作为样本，利用 20 年的相关数据，采用时间序列相关方法对甘肃省旅游业发展对经济的影响进行实证研究，认为甘肃省旅游业发展对经济增长具有极大的促进作用。李秋雨等（2015）从不同的空间尺度对广东省旅游业依赖度与经济增长关系进行分析，发现二者呈倒“U”形关系，采用固定效应模型分析二者关系成因，发现对旅游业依赖达到一定程度时，旅游业对制造业产生抑制作用，导致

“荷兰病效应”。

通过对国内外文献的梳理，可以发现国外学者多从理论方面和国家层面研究旅游业发展对经济增长的作用，国内学者大多数是从区域层面或省级层面研究旅游业发展对经济增长的作用，同时也都有相应的实证研究（格兰杰因果关系检验等）来证实。但其中最重要的问题是缺乏令人信服的理论说明，更多的研究仅仅停留在对凯恩斯主义经济学的教条理解上，把“拉动内需促发展”普遍化，全然不顾其理论判断的前提是物价下降和周期性失业普遍存在，更对旅游作为一个文化产业存在的社会意义和社会职能到底是什么缺乏关注。基于此，我们希望对此进行尝试性的分析。

（二）旅游业对经济增长的推进机理和研究假设

1. 凯恩斯主义经济学的适用性和新古典经济学对旅游业经济功能的认识

由于凯恩斯主义经济学在“主流经济学”理论体系中长期占有中心地位，在实际经济分析中出现了将其理论判断教条化的倾向，而严重忽略了凯恩斯主义经济学的前提是“有效需求不足”，是物价下降和经济衰退中的周期性失业。在旅游业与经济增长的研究文献中这种教条化理解普遍存在，“拉动内需促发展”似乎成为解释旅游拉动经济的基本理论判断，而将旅游业促进文化传播这一文化产业功能完全忽略。

新古典经济学的市场经济理论并不认同凯恩斯主义经济学的认识，它继承了古典经济学亚当·斯密关于市场是一只“看不见的手”的认识，认为市场经济是一种高效的资源配置手段，市场在信息有效传递下可以通过价格信号对各种经济活动进行协调从而将资源配置到它充分发挥作用的地方，市场资源的优化配置主要通过价格、供求、竞争等来进行。推动经济增长的唯一方式就是扩大市场覆盖的范围，这种扩大包括两种途径：一是消除原先的所有制束缚，让更多的生产要素进入市场；二是通过扩大信息来源，让市场在更广大的范围进行资源配置。这里的市场信息来源又分为两种：一种是基于供给的生产要素信息来源，一种是基于需求的多样化文化和多样化产品信息来源。旅游业推进经济增长的功能产生于第二种途径下的第二种信息来源，即通过“行万里路”广阔见闻从而将更广泛的生产要素和消费品纳入个人经济核算内。当然，旅游业的这一功能只发生在跨文化传播中，文化同质地区的中短途休闲度假游不在其中（政治经济学认为纯粹休闲度假游的经济功能在于高效的劳动力再生产，我们对此不讨论）。

2. “丝绸之路经济带”共建与海洋经济一体化经济增长引擎的差异

即使同样坚持新古典经济学“看不见的手”的观点，“丝绸之路经济带”共建与海洋经济一体化对于市场资源配置效率的发挥仍然存在截然不同的认识。“丝绸之路经济带”共建强调市场信息的需求方面，主张基于多样性文化相互尊重、相互了解基础上的市场资源配置，因此在这一发展模式下跨文化旅游具有推进外贸乃至推进经济增长的关键作用；海洋经济一体化则强调市场信息的供给方面，主张不断开发新的原料来源地和新的市场，通过发挥不同地区生产要素的禀赋优势提高国际资源配置效率，因此在这一发展模式下跨文化旅游无足轻重，不构成外贸提升和经济增长的原因。同时，由于海洋经济一体化的国家间“合作”模式表现为廉价商品倾销和文化制度输出，外贸会表现为经济增长的引擎，而“丝绸之路经济带”共建模式表现为服务本地市场和文化尊重，外贸不构成经济增长的引擎。

3. 假设的提出及其经济含义

基于前两部分关于凯恩斯主义经济学和新古典经济学对旅游经济功能的不同认识，以及“丝绸之路经济带”共建与海洋经济一体化经济增长的本质差异，我们提出以下研究假设：

假设 1：经济产出是旅游的原因，旅游不是经济产出的原因。

经济含义：长期来看，物价下降和周期性失业并不普遍存在，凯恩斯主义经济学关于旅游“拉动内需促发展”的判断并不正确，旅游并不会表现为经济产出的原因；相反，旅游作为一种休闲方式和高档物品在人们收入达到一定水平之后会呈现出一种提升趋势，此时经济产出是旅游的原因。

假设2：国际旅游不是外贸的原因。

经济含义：对于以海洋经济一体化为经济增长主要引擎或重要增长动力的地区，外贸并不依赖旅游的跨文化传播功能，因此国际旅游并不构成外贸收入的原因；如果外贸构成了经济增长的原因，由于旅游随收入增长的高档物品属性，外贸将构成国际旅游的原因。对于以跨文化传播和不同地区“本地市场效应”为国际合作主要动力的地区，国际旅游会成为外贸的原因；如果一个地区的外贸受“禀赋效应”和“本地市场效应”同时影响，两者之间没有明显因果关系。

假设3：外贸是经济产出的原因。

经济含义：对于以海洋经济一体化为经济增长主要引擎或重要增长动力的地区，经济增长的动力是廉价商品倾销，此时外贸构成经济产出的原因；反之，如果经济增长主要依赖该国“本地市场效应”，经济产出将构成外贸的原因。如果一个地区两种经济增长动力都很重要则两者之间不存在因果关系。

4. 实证方法选择和理论逻辑

格兰杰因果关系检验主要用于分析经济变量之间的因果关系，可以为本书假设验证提供较好的实证支撑，因此我们基于时间序列对地区经济产出和旅游规模、国际旅游规模与外贸规模、外贸规模和地区经济产出三对变量进行格兰杰因果关系检验，其理论逻辑如下：

在长期中，旅游业并不存在凯恩斯主义经济学所强调的“拉动内需促发展”，旅游业规模并不是构成GDP的格兰杰原因；相反，作为一种高档物品，经济增长是构成旅游规模的格兰杰原因。如经济增长以本地区的“本地市场效应”为中心，GDP是外贸的格兰杰原因；如经济增长基于“禀赋效应”，外贸是GDP的格兰杰原因；如经济增长为“双循环”驱动，外贸和 GDP 因果关系不存在或不显著。对于跨文化传播，不同国家和地区的“本地市场效应”发挥要求文化上的相互理解，国际旅游所产生的跨文化传播会带动国际合作，国际旅游将成为外贸发展的格兰杰原因，“禀赋效应”的发挥则只存在基于经济制度输出的文化征服，以大宗商品贸易推进文化征服，此时国际旅游不是外贸的格兰杰原因；但反之成立。如国际经济合作受以上两个方面影响均比较大，则外贸与国际旅游因果关系不存在或不显著。

（三）实证分析

1. 指标选取和数据来源

鉴于数据的可获得性，对研究涉及的 4 个变量地区经济产出、旅游规模、国际旅游规模与外贸规模，本书分别选择地区生产总值、旅游业收入、国际旅游收入和进出口总额来代表，并分别记作 GDP、SXLY、GJLY 和 JCK。为消除通胀影响，本书 GDP 选取基于平减指数处理后的实际 GDP。同时为简化分析，本书选择了我国“丝绸之路经济带”沿线具有典型意义的西部内陆省份——陕西作为研究样本进行实证分析。指标时间序列的范围为 2000—2015 年，所有数据均来自陕西统计年鉴。

由于 2003 年全国范围内暴发非典疫情，对陕西省的旅游业造成强大的冲击，致使旅游收入和国际旅游收入出现大幅滑落，为剔除其影响，采用内插法进行修正，具体方法是

$$Yn = Ya + (n - na) \times d \tag{1}$$

其中，Yn 为内插数值；Ya 为起始点数值；Yb 为终止点数值；d 为进行内插的公差值，$d = (Yb - Ya) / (nb - na)$。

2. 地区生产总值与旅游业收入的格兰杰因果关系检验

协整检验：迹检验和最大特征根检验表明陕西省地区生产总值（GDP）与旅游业收入（SXLY）至少存在一个协整关系，可以用 0 阶数据进行格兰杰因果关系检验（见表 5-1）。

表 5-1　陕西省地区生产总值（GDP）与旅游业收入（SXLY）协整检验值

Date: 02/17/21 Time: 13:04
Sample (adjusted): 2002 2015
Included observations: 14 after adjustments
Trend assumption: Linear deterministic trend
Series: LNGDP LNSXLY
Lags interval (in first differences): 1 to 1

Unrestricted Cointegration Rank Test (Trace)

Hypothesized No. of CE(s)	Eigenvalue	Trace Statistic	0.05 Critical Value	Prob.**
None *	0.543375	15.51399	15.49471	0.0497
At most 1 *	0.276931	4.539499	3.841466	0.0331

Trace test indicates 2 cointegrating eqn(s) at the 0.05 level
* denotes rejection of the hypothesis at the 0.05 level
**MacKinnon-Haug-Michelis (1999) p-values

Unrestricted Cointegration Rank Test (Maximum Eigenvalue)

Hypothesized No. of CE(s)	Eigenvalue	Max-Eigen Statistic	0.05 Critical Value	Prob.**
None	0.543375	10.97450	14.26460	0.1555
At most 1 *	0.276931	4.539499	3.841466	0.0331

Max-eigenvalue test indicates no cointegration at the 0.05 level
* denotes rejection of the hypothesis at the 0.05 level
**MacKinnon-Haug-Michelis (1999) p-values

Unrestricted Cointegrating Coefficients (normalized by b'*S11*b=I):

LNGDP	LNSXLY
7.584874	-7.645539
13.18035	-10.47457

Unrestricted Adjustment Coefficients (alpha):

D(LNGDP)	0.037633	-0.007215
D(LNSXLY)	0.010477	0.021662

1 Cointegrating Equation(s): Log likelihood 50.82674

Normalized cointegrating coefficients (standard error in parentheses)

LNGDP	LNSXLY
1.000000	-1.007998
	(0.05359)

Adjustment coefficients (standard error in parentheses)

D(LNGDP)	0.285444
	(0.08904)
D(LNSXLY)	0.079466
	(0.10139)

格兰杰因果关系检验：经平稳性检验，LNGDP 一阶平稳，LNSXLY 一阶平稳，由 AIC 准则确定的最优滞后阶数为 3，格兰杰因果关系检验显示 LNGDP 是 LNSXLY 的格兰杰原因，而反之不成立（见表 5-2）。

表 5-2　地区生产总值（LNGDP）与旅游业收入（LNSXLY）格兰杰检验值

Pairwise Granger Causality Tests
Date: 02/18/21　Time: 22:13
Sample: 2000 2015
Lags: 3

Null Hypothesis:	Obs	F-Statistic	Prob.
LNSXLY does not Granger Cause LNGDP	13	1.27350	0.3651
LNGDP does not Granger Cause LNSXLY		3.88938	0.0739

3. 国际旅游收入与进出口总额的格兰杰因果关系检验

协整检验：迹检验和最大特征根检验表明陕西省国际旅游收入（GJLY）与进出口总额（JCK）不存在协整关系，只能用 1 阶平稳数据进行格兰杰因果关系检验（见表 5-3）。

格兰杰因果关系检验：经平稳性检验，LNJCK 一阶平稳，LNGJLY 一阶平稳，由 AIC 准则确定的最优滞后阶数为 2，格兰杰因果关系检验显示进出口总额（LNJCK）是国际旅游收入（LNGJLY）的格兰杰原因，反之不成立（见表 5-4）。

4. 进出口总额与地区生产总值的格兰杰因果关系检验

协整检验：迹检验和最大特征根检验表明陕西省进出口总额（JCK）与地区生产总值（GDP）至少存在一个协整关系，可以用 0 阶数据进行格兰杰因果关系检验（见表 5-5）。

格兰杰因果关系检验：经平稳性检验，LNGDP 一阶平稳，LNJCK 一阶平稳，由 AIC 准则确定的最优滞后阶数为 1，格兰杰因果关系检验显示二者不存在因果关系（见表 5-6）。

表 5-3　陕西省国际旅游收入（GJLY）与进出口总额（JCK）协整检验值

Date: 02/16/21 Time: 22:48
Sample (adjusted): 2002 2015
Included observations: 14 after adjustments
Trend assumption: Linear deterministic trend
Series: LNJCK LNGJLY
Lags interval (in first differences): 1 to 1

Unrestricted Cointegration Rank Test (Trace)

Hypothesized No. of CE(s)	Eigenvalue	Trace Statistic	0.05 Critical Value	Prob.**
None	0.505157	9.930037	15.49471	0.2861
At most 1	0.005756	0.080820	3.841466	0.7762

Trace test indicates no cointegration at the 0.05 level
* denotes rejection of the hypothesis at the 0.05 level
**MacKinnon-Haug-Michelis (1999) p-values

Unrestricted Cointegration Rank Test (Maximum Eigenvalue)

Hypothesized No. of CE(s)	Eigenvalue	Max-Eigen Statistic	0.05 Critical Value	Prob.**
None	0.505157	9.849218	14.26460	0.2220
At most 1	0.005756	0.080820	3.841466	0.7762

Max-eigenvalue test indicates no cointegration at the 0.05 level
* denotes rejection of the hypothesis at the 0.05 level
**MacKinnon-Haug-Michelis (1999) p-values

Unrestricted Cointegrating Coefficients (normalized by b'*S11*b=I):

LNJCK	LNGJLY
-6.728876	9.040197
0.213732	1.880147

Unrestricted Adjustment Coefficients (alpha):

D(LNJCK)	0.043290	0.006721
D(LNGJLY)	-0.085386	0.003001

1 Cointegrating Equation(s): Log likelihood 25.93774

Normalized cointegrating coefficients (standard error in parentheses)

LNJCK	LNGJLY
1.000000	-1.343493
	(0.10076)

Adjustment coefficients (standard error in parentheses)

D(LNJCK)	-0.291291
	(0.20940)
D(LNGJLY)	0.574551
	(0.19854)

表 5-4　进出口总额（LNJCK）和国际旅游收入（LNGJLY）格兰杰检验值

Pairwise Granger Causality Tests
Date: 02/16/21 Time: 22:53
Sample: 2000 2015
Lags: 2

Null Hypothesis:	Obs	F-Statistic	Prob.
LNGJLY does not Granger Cause LNJCK	14	0.89384	0.4425
LNJCK does not Granger Cause LNGJLY		3.78841	0.0640

表 5-5　陕西省进出口总额（JCK）与地区生产总值（GDP）协整检验值

Date: 02/17/21 Time: 13:11
Sample (adjusted): 2002 2015
Included observations: 14 after adjustments
Trend assumption: Linear deterministic trend
Series: LNGDP LNJCK
Lags interval (in first differences): 1 to 1

Unrestricted Cointegration Rank Test (Trace)

Hypothesized No. of CE(s)	Eigenvalue	Trace Statistic	0.05 Critical Value	Prob.**
None	0.326839	9.773798	15.49471	0.2985
At most 1 *	0.260926	4.233006	3.841466	0.0396

Trace test indicates no cointegration at the 0.05 level
* denotes rejection of the hypothesis at the 0.05 level
**MacKinnon-Haug-Michelis (1999) p-values

Unrestricted Cointegration Rank Test (Maximum Eigenvalue)

Hypothesized No. of CE(s)	Eigenvalue	Max-Eigen Statistic	0.05 Critical Value	Prob.**
None	0.326839	5.540793	14.26460	0.6726
At most 1 *	0.260926	4.233006	3.841466	0.0396

Max-eigenvalue test indicates no cointegration at the 0.05 level
* denotes rejection of the hypothesis at the 0.05 level
**MacKinnon-Haug-Michelis (1999) p-values

Unrestricted Cointegrating Coefficients (normalized by b'*S11*b=I):

LNGDP	LNJCK
1.076238	-2.760999
13.63756	-14.86989

Unrestricted Adjustment Coefficients (alpha):

D(LNGDP)	0.027837	0.010933
D(LNJCK)	0.011641	0.045415

1 Cointegrating Equation(s): Log likelihood 40.71946

Normalized cointegrating coefficients (standard error in parentheses)

LNGDP	LNJCK
1.000000	-2.565418
	(0.66735)

Adjustment coefficients (standard error in parentheses)

D(LNGDP)	0.029959
	(0.01542)
D(LNJCK)	0.012529
	(0.03079)

表 5-6　进出口总额（LNJCK）和地区生产总值（LNGDP）格兰杰检验值

Pairwise Granger Causality Tests
Date: 02/17/21　Time: 13:15
Sample: 2000 2015
Lags: 1

Null Hypothesis:	Obs	F-Statistic	Prob.
LNJCK does not Granger Cause LNGDP	15	0.17028	0.6871
LNGDP does not Granger Cause LNJCK		1.99410	0.1833

5. 旅游业对地区经济分产业驱动力计算

为进一步验证格兰杰因果关系检验的有效性，我们进一步应用弹性指标对旅游业的经济驱动能力进行分析。经济学中的弹性是指经济变量之间存在函数关系时，被解释变量对解释变量的反映程度，旅游业与各个产业之间存在一定的物质传递和信息交流的关系，旅游业对各部门经济增长的弹性系数能够具体地反映旅游业对各部门经济增长的拉动性或制约性，它表明旅游业增长一个百分点对相关部门增长比例的关系。设 X 为解释变量，Y 为被解释变量，E 为弹性系数，则

$$E=(\Delta Y/Y)/(\Delta X/X) \tag{2}$$

研究选取了 6 个与旅游业相关的直接生产行业和间接生产行业的生产总值，分别为工业、农业、建筑业、贸易、金融、交通运输（分别用 y_1、y_2、y_3、y_4、y_5、y_6 来表示）。其中，贸易指标为陕西省进出口贸易总额，由于单位为美元，因此利用当年的平均汇率将贸易总额转换为人民币。金融指标选用年末贷款余额，运输业指标选用旅客运输量。为了分析陕西省旅游业发展对紧密相关的部门经济增长的拉动效应，我们以第三产业分部门的经济增加值作为被解释变量，以旅游总收入为解释变量，首先将变量值取对数，再分别进行 OLS 最小二乘法回归，所得系数便是旅游业对各部门经济增长的弹性系数，如表 5-7 所示。

表 5-7　旅游产业对紧密相关的部门的弹性状态

弹性变量	弹性值	弹性状态
工业	0.615928	弱脱钩
农业	0.631035	弱脱钩
建筑业	1.058211	增长联结
贸易	0.609568	弱脱钩
金融	0.867129	增长联结
交通运输	0.479918	弱脱钩

其中，弹性指标评价依据为：若弹性值大于 0 小于 0.8，弹性状态为弱脱钩；若弹性值大于 0.8 小于 1.2，则弹性状态为增长联结；若弹性值大于 1.2，弹性状态为扩张负脱钩。弹性值为正情况下该值越大说明旅游业对经济驱动力越强，而如果该值小于 1 则说明驱动作用不明显。由上述结果可以看出，陕西省旅游业对各部门经济增长推动作用不显著，弹性分析结果与格兰杰因果关系检验结果具有一致性。

（四）研究结论

第一，旅游推动经济增长的本质是其文化传播功能而非“拉动内需”，“丝绸之路经济带”共建为旅游跨文化传播功能的发挥提供了重大机遇。

对凯恩斯主义经济学某些结论的教条化理解已经在很大程度上阻碍了现实中旅游业的健康发展，试图以同质化、低端化旅游项目“拉动内需”的经济发展思路难以奏效，其不仅不能带来地区的经济增长，还会破坏整个社会的资源配置效率。只有充分认识到旅游业在市场经济中的根本作用在于其本质的文化传播功能，在于通过文化传播提高市场资源配置效率，旅游业的发展才能走向正途。本书通过格兰杰因果关系检验和弹性计算两种实证方法对旅游“拉动内需”观点实现了证伪，证实了没有文化传播功能的中短途休闲度假旅游如同餐饮等其他行业一样只能改善地区产业结构而不具备拉动地方经济的能力，陕西省就是这一方面的典型。这一实证结果与杨建春（2010）、瞿华和夏杰长（2011）以及张晓菲和姚宇（2018）

的研究结论保持一致。

根据新古典经济学派的理论，市场经济具有开放性的特征，它是平等性、竞争性充分展开的前提，而经济增长的原因是市场资源配置效率的提升。经济全球化的意义就在于开放市场使得信息共享、信息对称，从而提高市场效率，优化资源配置。旅游业对于经济增长的推进作用正在于它通过文化传播对信息共享的推进，“行万里路”所获得的新知、开拓的视野会极大地提升个人的理性判断。“丝绸之路经济带”共建为旅游业文化传播这一重要职能的发挥提供了重大的机遇。这是因为文化交流是“丝绸之路经济带”共建的灵魂，求得文化上的相互尊重和相互理解是“丝绸之路经济带”共建的前提，推进文化交流就必须依靠旅游业推进文化人际传播这一关键的跨文化传播路径。

第二，当前“丝绸之路经济带”各地区经济增长动力并不单纯依赖外需拉动，“双循环”与“双驱动”模式不仅过去在“丝绸之路经济带”长期并存，在未来更加会表现为普遍形态。

“丝绸之路经济带”沿线以内陆国家和地区为主，在英美主导的海洋经济一体化进程中由于地理位置和交通条件的限定一直处于发展劣势。为融入海洋经济一体化进程，这些地区的经济增长模式尽管一直试图转向外需拉动，但本地市场的影响力一直都占有很大比重。本书关于进出口总额与地区生产总值不存在显著因果关系的结论证实了以上理论分析。对于陕西这样的“丝绸之路经济带”沿线内陆省份，外需既不是构成地区经济总产量的主要原因，也不是地区经济产量导致的结果，本地市场尽管具有重要影响力但也并非地区社会总产值的绝对主导，外需依然对本地区生产总值有很大影响力。“双循环”与“双驱动”模式在陕西这样的“丝绸之路经济带”沿线典型省份过去一直都长期并存。

2008 年世界金融危机之后，英美主导的海洋经济一体化难以为继，后起国家和地区试图通过承接发达国家产业雁形转移（赤松要，1935）的方式来实现经济发展超越的路径不再具有普遍性。对于“丝绸之路经济带”

沿线的内陆国家和地区，转变发展理念的关键在于要摒弃以往单纯强调外贸拉动和获取生产上对外比较优势的政策导向，重新关注本就十分重要但却长期被忽略的基于多样化文化的本地市场需求，把需求侧的文化关怀作为培养供给侧生产优势之外另一个重要的经济发展动力。这种政策指向的转变对于“丝绸之路经济带”沿线国家和地区会更容易实施，因为“双循环”和“双驱动”一直都存在。随着“丝绸之路经济带”共建倡议的不断推进，这种发展形态会表现得更为普遍。

第三，国际旅游只有在文化传播功能发挥且经济增长模式需要文化传播功能发挥时才能推动国际经济往来的增长，推进国际旅游对“丝绸之路经济带”共建正当其时。

毫无疑问，国际旅游具有跨文化传播功能，但国际旅游却并不一定表现为国际经贸往来驱动的原因，这是因为在海洋经济一体化发展模式中经济增长的动力只在于生产上的比较优势和对“中心”文化的遵从，国际旅游和跨文化传播只具备个体的休闲意义。也正因如此，当一个经济体整体表现为外向经济时，国际旅游的休闲意义会使其以一种高档物品的形态出现，外贸拉动经济增长、经济增长提升收入水平、收入水平提升带动高档品消费增加，国际经济往来因此会形成国际旅游收入的原因。这也正是本书实证所得到的结果。即使在“丝绸之路经济带”中国段的内陆省份陕西，即使“本地市场”对陕西经济仍具有很大影响，以上逻辑关系仍然存在。

“丝绸之路经济带”共建倡议的提出将有效扭转以上因果关系。这种扭转源自全球经济发展的历史趋势。互联网革命、交通运输革命所推进的“地球村”时代的到来与“中心—外围”全球治理模式的必然瓦解要求世界经济发展模式的必然转型。“丝绸之路经济带”共建把经济发展建立在对人的关怀的“本地市场效应”之上，它将改变的不仅仅是贸易结构，还有整个经济体系的运行方式。文化上相互尊重，将人的内在需求和文化上的尊重作为生产目的的社会发展模式必然会替代文化上少数人对多数人的征服，仅仅依靠生产比较优势就试图占据社会分配主导权的时代将会成为过去。在新的历史条件下，新的国际合作需要跨文化传播承担关键功能，在“丝绸之路经济带”上推进国际旅游建设正当其时。

（五）政策建议

基于理论和实证分析，本书对以我国内陆省份陕西为代表的“丝绸之路经济带”沿线旅游业发展提出以下政策建议：

其一，各级和各地政府应以“丝绸之路经济带”共建倡议为契机，大力拓展国际旅游。各级和各地政府应站在国家战略的高度认识国际旅游发展对于本地区发展的意义，深刻认识到国际旅游对“丝绸之路经济带”文化交流和跨文化传播的重大意义，深刻认识到国际旅游对于新的历史时代国际经贸合作模式转变的重大推动作用。各级和各地政府应充分认识到“国际旅游—跨文化传播—经贸合作”是以“丝绸之路经济带”共建模式为代表的未来旅游推动地方经济发展的必由之路，主动地将这种认识落实到地方工作实践。

其二，政府应给予国际旅游充分的财税政策支持，设立并主办具有一定规模的国际旅游节，鼓励基于国际旅游的跨文化传播工作开展。政府区别于企业的意义就在于它能够超越局部的利益和短期的眼光，认识到社会整体的目标和长远的价值追求。文化作为典型的社会公共品，跨文化传播作为公共品的生产过程离不开政府站在社会全局视角的支持和引导。只有政府对国际旅游工作直接或间接地积极主动参与，充分利用政府活动和财税政策等多种政策工具，“丝绸之路经济带”国际旅游才能蓬勃开展起来。

其三，“丝绸之路经济带”国际旅游产品的开发应集中在历史文化领域，把旅游产品开发与跨文化传播充分融合。“丝绸之路经济带”上丰富多元的历史文化既对人们的旅游行为有巨大吸引力，也是旅游跨文化传播推进“经济带”合作发展的必然选择，理应成为“经济带”旅游产品开发的中心。但从政府到学术界长期受到凯恩斯主义的影响容易出现对国际旅游经济功能的错判，在国际旅游产品开发中植入了过度的消费引导性环节，无形中提高了国际旅游的门槛，大大降低了国际旅游的核心经济和社会功能。

其四，加强政企合作，有效结合市场和政府两种资源配置形式。市场和政府作为两种资源配置形式各有优缺点，前者能够充分收集个体信息并及时回馈，而后者可以更好地反映群体理性，两者结合可以更为有效地推动资源合理配置。在“丝绸之路经济带”国际旅游开发中政企合作主要体现在两个方面：一是在跨文化传播旅游产品开发中，政府应给予企业更多的支持，以补贴企业“跨文化产品”生产的溢出效应；二是在名胜古迹等旅游景点经营中给企业以引导，避免企业对这些公共品①开发的过度寻租行为。

其五，完善产业链条，规范市场秩序，提升服务细节。国际旅游的跨文化传播功能发生于休闲娱乐过程之中，游客的口碑传播对于国际旅游跨文化传播功能至关重要。因此“吃喝住用行”的全链条高质量服务都必不可少，实现这一目标不仅需要加强市场秩序规范和有效监管，还需尽可能地提升服务细节，加强国际游客反馈机制，通过游客满意度反馈提升国际旅游发展水平。

专题六　高等教育助推“丝绸之路经济带”合作发展研究

教育是系统化的文化传播，是把文化交流的成果固化为社会文化的重要途径。在国民教育体系之中，高等教育的文化传播功能与基础教育（包括初等教育和中等教育）存在很大不同。基础教育以人的基本社会化为目

① 名山大川、历史古迹和大多数旅游景点或来自自然赋予，或是祖先遗赠，或是政府兴建，具有显著的公共品属性，其经营过程中的市场化开发主要源自这些产品在消费时的个体消费，但若在市场化经营中采取针对消费者剩余的权利寻租，则完全背离了这些文化产品服务社会的根本属性。

标，主要功能在于实现受教育者在本国和本民族文化系统内的基本社会生活，教授内容更多集中在基本社会合作语言、基本社会规范以及人类历史所积累的基础经验之上。由于国际合作的普遍存在和改革开放的迫切社会要求，我国在基础教育阶段也一直大力推行外语教育，这一教育行为构成了我国跨文化传播的基础。高等教育与之不同，作为科技文化正式教育的最高和最后形式，它兼具政治、经济、社会和文化等多维度功能，与基础教育相比在知识传承上它的体系架构更具应用性，在科技创新上它的教育结果更具前沿性，在意识形态塑造上它的逻辑脉络更具抽象性。在跨文化传播上高等教育更具开放性，是个人在对本民族和自己国家文化系统基本掌握之后所接受的进一步文化教育，这一文化教育包含了更多来自其他文化系统的具体内容。因此本书在"政府传播—组织传播"路径上选取高等教育而非基础教育进行更系统的研究。如前文所述，该路径只有两个环节：政府推动和高校实施。研究分析主要集中在高等教育本身，而将政府推动放在本部分政策建议中来阐述。

将高等教育视为推进"丝绸之路经济带"共建的重要力量，这不仅是因为高等教育可以为"丝绸之路经济带"共建提供当下和未来的智力支持，更因为"丝绸之路经济带"共建的灵魂恰恰是科技文化交流，它构成了"丝绸之路经济带"共建与英美主导全球化的最根本的区别。高等教育与现实贴近，是科技文化教育中最具创新性和最先进的组成部分，也在教育体系中对不同文化最具开放性。高等教育作用的发挥对"丝绸之路经济带"共建乃至新冠肺炎疫情之后全球化发展都意义重大。

（一）高等教育的多维功能对推进"丝绸之路经济带"合作发展的意义

如前所述，高等教育兼具政治、经济、社会和文化等多维度功能，高等教育对"丝绸之路经济带"合作发展的推进正需要这些功能的充分发挥。

1. 高等教育的政治功能

高等教育的政治功能指的是高等院校承担着对大学生和研究生进行马克思主义意识形态教育、培养旗帜鲜明中国特色社会主义事业接班人的责任。意识形态是与一定社会的经济和政治直接相联系的观念、观点、概念的总和，是社会的经济基础和政治制度以及人与人的经济关系和政治关系的反映，是历史的范畴，具有鲜明的阶级属性和民族属性。对青年学生实施有效的意识形态教育不仅必要，而且非常重要。高等教育的政治功能具体包括：

首先，为中国特色社会主义建设培养政治上正确的接班人。我国《宪法》明确规定：“中华人民共和国是工人阶级领导的、以工农联盟为基础的人民民主专政的社会主义国家。”中国特色社会主义必须建立在旗帜鲜明的阶级立场和意识形态之上，中国特色社会主义建设者必须拥有旗帜鲜明的阶级立场和意识形态，必须具有坚定的马克思主义世界观和方法论。对于一个国家而言，有什么样的价值观就会建设什么样的社会；对于一个人而言，有什么样的价值观就会有什么样的人生。但意识形态教育的抽象性和复杂性使得基础教育阶段其全面开展并不符合人的认知过程，它必须在个人经过基本语言文字和逻辑运算认知教育之后才能全面展开，这一全面展开过程必然更多发生在高等教育或与其同步的人生阶段。因此，意识形态教育是高等教育的首要责任，高等教育中意识形态教育的成败关系到的不仅是个人，更是国家和民族的命运，是我国伟大社会主义建设发展的命运，是中华民族伟大复兴目标的实现。

其次，为全面贯彻国家大政方针营造良好的社会氛围。与基础教育不同，高等教育的目标对象虽然多数仍未走向社会但大部分已经成人，拥有了完全的政治权利，具有了独立的民事行为能力。同时，高校学生正值青年阶段的思想活跃期和成形期，既有着非常强烈的政治参与愿望，渴望认同、喜欢发声，又易于受到敌对意识形态影响，思想不稳定。因此，在高等教育过程中特别需要强调对党和国家当前重要政策和战略的学习。对党和国家大政方针和政策路线的讲解既可以将抽象的意识形态教育具体化，又能极大地提升学生对政策的理解和把握；既对学生在履行政治权利、参与社会活动和进行民事行为中主动贯彻国家大政方针十分有益，更对营造良好社会氛围、消除青年学生因思想不稳定而进行错误政治表达具有重要作用。

高等教育的政治功能是开放社会下国际交往的前提，是在与“丝绸之路经济带”不同国家和地区的不同思想交流中坚定政治定力、求同存异和实现共赢的前提。

2. 高等教育的经济功能

高等教育的经济功能是指高等教育通过提升人力资本或直接应用人力资本对未来和当下社会再生产发挥贡献。所谓经济，就是人们生产、使用、处理、分配一切社会财富的动态过程总称，是社会生产力与社会生产关系相互作用的结果和表现形式，是历史的范畴，具有明确的自然属性、文化属性和民族属性。经济功能是高等教育的核心功能。实现经济功能是高等教育生产实践中绝大部分时间的工作内容，经济功能作用的发挥决定了高等教育对社会生产推进的最终成败。高等教育的经济功能具体主要包括：

首先，实施对青年学生的专业技术教育，培养能投入未来社会再生产的人力资本，即实施内涵式的劳动力扩大再生产。该功能的具体形式就是实施专业化科学技术教育，将以往专业化科学技术的实践经验以理论化的形式高效率地传授给学生，使学生在短时间内可以获得某一专业领域内全人类以往的大部分认知并具备在未来能够将这些认知付诸社会实践的基本能力。应当注意，这里的以往认知并不仅仅是以往的实践经验结论，还包括以往的交流语言和思维方法。交流语言是今后社会实践中合作的基础，而思维方法则是灵活运用所学知识以及推进专业技术创新和发展的前提。

其次，利用高等教育机构人力资本富集的优势，直接服务社会再生产实践，推进生产力进步和增加社会产出。该功能的具体形式就是以高等教育机构人员为主体进行专业领域的科学研究，推动基础科学理论进步，应用技术突破和满足社会生活实践对高知识、高技术人才在应用方面的生产要求。高等教育机构在专门的科学技术文化领域具有人力资本专长，机构人员常年从事相关领域专门教学和研究，并因为教学功能而拥有其他社会领域所不具备的科研设备和科研条件，在专业领域科学研究这一社会生产实践活动上具有得天独厚的优势，发挥这一优势也因此成为高等教育经济功能不可缺少的重要组成部分。

最后，高等教育的经济负功能同样需要重视。所谓[redacted]功能是指高等教育在专门科学技术文化领域的投入不仅[redacted]再生产反而会导致社会再生产水平不断下降。高等教育经济负功能形成的原因是忽略了高等教育经济功能的历史属性、背离了高等教育服务社会实践的目的，把专业教育和科学研究变成了一种形而上学的逻辑推进过程，为研究而研究、为教育而教育，这种教学和科研上的纯粹逻辑递进过程如果碰巧被历史选择，它所带来的经济功能就是正的，但如果不幸与历史趋势背离了，它不仅没有益处还会给社会生产实践带来巨大破坏。

“丝绸之路经济带”共建倡议的直接指向是经济领域，高等教育的经济功能在共建中当然十分重要。无论是当前我国与“丝绸之路经济带”沿线中亚、中东国家的石油和矿产合作，还是通信电子和基础设施建设合作都十分需要高等教育机构给予专业的智力支撑。同时，“丝绸之路经济带”共建倡议本身也为我国的高等教育机构指明了教学和研究的方向，保证了高等教育经济正向功能的发挥。

3. 高等教育的社会功能

高等教育的社会功能是指高等教育通过教育实现人的社会化，使其在社会当中成为一个能够与人交往形成社会合作的合格社会成员。教育的社会功能由两方面组成：一是教化功能，即让受教育者接受传承的交流符号系统、社会历史经验和社会规范；二是引导功能，即令受教育者掌握一种或一套方法论，使其在面对新事物时具有应对能力并且这种应对能力还能被其他社会成员理解。常常也将交流符号系统、社会历史经验、社会规范和方法论统称为文化。高等教育与基础教育在社会功能上的差异在于，基础教育的教化功能更强调对普遍交流符号系统的识记、直接历史事件记忆和初级社会群体行为规范掌握，而高等教育的教化功能则强调对专业领域交流符号系统识记、历史经验规律理解以及次级社会群体行为规范掌握；基础教育的引导功能只的在于为进一步的高等教育服务，而高等教育的引[redacted]高等教育的经济负 等教育社会功能具体[redacted]不能形成社会扩大[redacted]先，实现青年学生对本国[illegible]制度的总体接受，在基本社会化的完成阶段，保证青年学生个体社会化的基本完成。群体性或社会属性虽然并非人类所独享，但毫无疑问人是一种社会性动物，任何人的生产生活都离不开集体内的社会合作，缺乏社会合作能力（如语言沟通障碍或不了解社会风俗、社会制度）会严重制约一个人的生产生活实践。教育就是要赋予一个人社会合作的能力，而高等教育赋予的并不仅是一般生活中的合作能力，不仅是在家庭和生活社区当中的社会规范，而更多是在政治经济文化共同体内的具体专业社会实践中的合作能力和在整个社会中的社会行为规范。也就是说，高等教育所完成的社会化必须首先是基于民族和国家文化的社会化。需要强调的是，高等教育的社会化训练特别强调培养青年学生对差异化文化和社会制度的应对能力，这种能力是一个国家和民族文化和社会制度的关键组成部分。差异性既是自然存在的特征，也是文化存在的特征；既是社会进化的前提，也是创新发展的来源。如何面对差异化文化和社会制度是一个成熟个人必须经历的社会化过程。

其次，承担社会规范塑造功能，推进社会发展中新的社会规范的形成，维护社会运行的和谐有序。高等教育不仅是社会规范的传承者，同时承担着社会规范的塑造职能。社会规范是社会中人与人之间的规范，其来源是社会个体的认同和接受，而高等教育就是在对即将进入社会的人进行这种塑造。这种塑造在具体的专业领域表现得更为显著，比如一套新的行业标准的制定和教授会改变一个行业整体的交流语言和运行规则，但高等教育的社会功能并不仅局限在这样的范围。社会制度同样需要随着社会发展与时俱进，固守成规不仅不利于社会发展还会阻碍社会前进。在高等教育中合理地纳入新的时代要求对于社会有效运行同样十分重要。

最后，发挥高等教育机构的文化教育专长进行社会宣传，推进社会公众的继续社会化。基本社会化并不意味着社会化的完成，具体社会实践中会遇到基础教育和高等教育中都从未涉及的复杂问题，这不仅是因为社会实践相较家庭教育和学校教育更为具体复杂，同时时代发展和社会环境转变也要求社会化必须是一个持续不断的过程。高等教育机构在文化教育领域具有专长，既掌握教育教学方法，又能对社会发展的新变化从理论体系上形成解释，其有能力也有责任去发挥特长帮助社会公众实现继续社会化。

“丝绸之路经济带”沿线的国家和地区文化差异大，共建的基础是相互尊重，共建的灵魂是“民心相通”，共建的过程是多元文化和社会制度之间的相互融合和求同存异，因此高等教育的社会功能尤为重要。它能够内化自身文化和社会制度并形成对差异化文化和社会制度尊重与吸收的态度。

（二）高等教育助推“丝绸之路经济带”合作发展的分析脉络

以上功能分析为高等教育推进“丝绸之路经济带”合作发展研究提供了基础。对于“丝绸之路经济带”共建的实现路径，习近平主席提出了“政策沟通、道路联通、贸易畅通、货币流通和民心相通”的“五通建设”方针①。该方针基于马克思主义历史唯物论关于经济社会发展社会生产力

① 习近平．弘扬人民友谊，共创美好未来［EB/OL］．（2013-09-08）．新华网．http：//news. xinhuanet. com/world/2013-09/08/c_ 117273079. htm.

和社会生产关系两个维度提出：前者以生产力三要素配置技术关系为中心，在国际经济中表述为社会再生产经常项目维度，包括“道路联通”和“贸易畅通”；后者以社会生产关系为中心，在国际经济中表述为社会再生产资本项目维度，包括“民心相通”和“货币流通”。在市场经济生产方式下，马克思将这两个维度分别精练地概括为“劳动力转化为商品”和“货币转化为资本”。“政策沟通”是两个维度国际合作的共有前提。“五通建设”方针涵盖了“丝绸之路经济带”共建的主要方面，其中“民心相通”是灵魂和动力，“道路联通”是物质基础，“贸易畅通”是生产力三要素高效配置的条件，“货币流通”的主要作用在于实现经济带沿线各国和地区市场信用本土化和内生化，而“政策沟通”是国家作为社会群体代表的行为方式，是其他“四通”建设有效开展的条件。本书进一步从以上两个维度展开对高等教育推进“丝绸之路经济带”合作发展的研究。

（三）高等教育发展对“丝绸之路经济带”“民心相通”“货币流通”和资本项目合作的推进

“丝绸之路经济带”共建倡议的本质，是在新的历史时代、新的社会生产力条件下复兴古代丝绸之路以信息传递便捷和文化渐进交融为特征的国家和地区间文化和经贸合作模式。基于文化交流的“民心相通”以及进一步社会信用体系上求同存异、相互认可的“货币流通”成为这一互利共赢经济合作模式的核心和动力，这与英美主导全球化（海洋经济一体化）以大宗商品生产优势倾销、以从贸易规则到金融规则的输出为核心与动力的“中心—外围”式发展模式根本不同。以文化、民心和社会信用体系相互沟通、相互理解为动力源的“丝绸之路经济带”资本项目合作模式为我国高等教育发展赋予了更多的责任。

高等教育机构作为文化的传播者和研究者对于“丝绸之路经济带”“民心相通”建设责无旁贷。这种责任主要表现在三个方面：

首先，对本国和本民族文化和社会信用体系进行对内的系统阐释。向青年学生和社会公众系统讲解本国和本民族文化和社会信用体系是高等教育最为核心的功能之一，是推进青年学生有效社会化和社会公众继续社会化的重要内容，是建立平稳有效运行社会机制的内在必然要求。高等教育在本国和本民族文化和信用体系教育中的失位会造成：其一，青年学生个体的社会化进程受阻或不能实现有效社会化，即个人不能成为一个接受基本社会规范、能够正常参与社会生活的个体；其二，全社会社会规范紊乱、个体间激烈的文化冲突频发乃至引发“乌合之众”式的社会动荡。建设“丝绸之路经济带”需要开放国门，需要与多种文化合作，高等教育机构首先应当做好的就是对本国和本民族文化和社会信用体系进行对内的系统阐释，做到首先固自己之本，然后才相互交流、互相合作。

其次，对本国和本民族文化和社会信用体系进行对外的有效宣传。介绍和宣传是理解的基础，如果没有民族和文化间经由介绍和宣传所带来的相互了解，合作共赢就会被陌生所带来的恐惧代替。相比其他组织，高等教育机构的知识体系掌握最系统，又长期承担着教育和推进本民族青年接受本国和本民族文化的社会责任，在本国和本民族文化对外宣传中更能做到兼顾全局和把握重点，在“丝绸之路经济带”共建中理应发挥其自身优势，积极参与到本国和本民族文化对外宣传中去。只有高等教育机构的积极参与，本国和本民族文化对外宣传才会事半功倍，“丝绸之路经济带”“民心相通”建设才会高效。

最后，对不同国家和民族的文化和社会信用体系进行充分研究和向国内的广泛介绍。不同国家和民族的文化和社会信用体系对本国公众具有陌生感，经由媒体介绍的局部表象差异还常常因为初始的陌生而造成文化抵触乃至文化恐惧，这都需要通过系统全面地机理介绍让公众做到知其然并知其所以然，真正发挥“丝绸之路经济带”文化上渐进交融的优势，推进“丝绸之路经济带”建设。高等教育机构是从事国外文化和制度研究的专门机构，对国外社会文化有着历史的、整体的和系统的把握，在共建“丝绸之路经济带”过程中理应有所作为，主动地、通俗地、系统地并结合本国文化习惯对不同国家和民族的文化进行宣传和介绍是高等教育机构在“丝绸之路经济带”建设中应当承担的责任。

对于“民心相通”基础上的“货币流通”（即社会信用体系市场评价机制的相互尊重和相互认可），高等教育机构同样需要发挥重要作用，其责任主要表现在两个方面：

首先，对社会信用体系市场评价本土化机制进行研究，推进有利于本国和本民族货币金融体系的形成。知人者先要知己，全盘接受他国的社会信用体系无异于丧失自我，甚至会沦为他国的文化殖民地。英美主导的全球化（海洋经济一体化）所追求的目标是消灭他国社会信用体系，使其全面接受一体化主导国家的文化习惯和社会制度（贸易规则和金融规则）。这种国家间经济合作没有“货币流通”，只有货币的输入和被输入，并且输入国要求被输入国不应存在任何独立的社会信用管理机构（如流行于英美的蒙代尔-弗莱明模型）。“丝绸之路经济带”共建正是对前者的全面否定，它要求尊重本土化社会习惯和社会制度，将货币（社会信用的市场评价）视为本国和本民族的文化权利，它的“货币流通”是相互尊重下国家间对社会信用体系的相互理解和相互认可。高等教育机构作为文化的传播者和社会信用体系的研究者，在这一过程中的作用不可替代：一方面，个人是社会信用体系的接受者和参与者，往往只见树木不见森林，而现有金融机构是既有金融规则的实践者，自身利益又牵涉其中；另一方面，文化传播和社会信用体系教学研究是高等教育的本职所在，当前我国高等教育机构中从事社会信用体系、社会文化以及金融产业研究的人员数量庞大，他们既有专业知识和宏观视野又立场客观，不仅有力量而且有义务为国家本土化市场信用评价机制的建立贡献力量。

其次，对社会信用体系市场评价的国际合作进行研究，推进相互尊重、互利共赢的国际金融体系形成。不同的社会信用体系之间如何实现融合，这是“丝绸之路经济带”共建所提出的特有命题，也是文化上相互尊重、主体间谋求共赢的前提，以往英美主导的全球化（海洋经济一体化）

中只有征服、没有融合。但异域文化和社会制度除了边境地区人民较为熟悉，对于普通公众而言难以接触，这对广泛的经贸合作特别是涉及社会信用体系的金融合作（货币流通）存在很大障碍，需要高等教育机构专业学者基于实际调查的深入研究和广泛宣传。研究的重心应放在从本国文化角度去理解他国文化的合理性，发现两国之间社会信用体系的契合之处或可以共享的内容，并将这种社会信用的契合融入各自的市场信用评价机制（金融体系）之中，从而可以实现在国际经济合作中求同存异、相互促进，把“丝绸之路经济带”“货币流通”建立在双方都乐于接受的社会信用市场评价机制之上。

（四）高等教育发展对“丝绸之路经济带”“道路联通”“贸易畅通”和经常项目合作的推进

如前文所述，“丝绸之路经济带”共建根源于陆上国家间的社会经济合作，陆地经贸往来的山水阻隔障碍是“丝绸之路经济带”共建必须克服的基础性困难。与英美主导的全球化（海洋经济一体化）以大宗商品贸易倾销为动力不同，“丝绸之路经济带”经常项目合作并不是国家和地区间经济社会合作的引擎，它受科技文化交流驱动，旨在为相互理解的差异化需求满足和要素比价优势发挥提供交通基础（道路联通）和实现手段（贸易畅通）。

高等教育机构作为道路建设的科研机构对于“丝绸之路经济带”“道路联通”建设具有重要的社会责任。这种责任主要表现在两个方面：

首先，对国家和地区间“道路联通”建设在不同层面进行科学合理规划，对复杂地貌和地质结构下道路施工难题进行联合科研公关。跨地区和跨国交通基础设施建设涉及的困难既包括地貌、地质结构的复杂性，也包括社会文化和社会制度的差异性，在相互尊重的合作建设中统筹兼顾、合理规划十分重要。高等教育机构在地质、地理、建筑和历史文化上的研究专长对于这一工作的完成具有重要帮助，高等教育在培养专业人才的同时，也具有直接服务这些社会工作的能力和条件，推动“丝绸之路经济带”“道路联通”建设需要高等教育机构的深入参与。但必须明确的是，“丝绸之路经济带”“道路联通”的目的并不是要用陆路运输替代大宗商品海上运输，高等教育对于“道路联通”的研究目标也并不是去盲目地追求陆路运输运力比肩海洋运输，“丝绸之路经济带”“道路联通”的作用只在于强化本地市场优势、满足多样化商品需求，正如古代丝绸之路一样。

其次，对跨境道路运营协调机制进行研究。“道路联通”并不仅仅是基础设施实体的联通，跨国和跨地区运营的联通同样重要，只有道路建设而运营无法跟上，运输依然不能有效实现。道路运营需要国家和地区在社会规则上实现对接，在保证文化和制度尊重上尽可能地降低差异化规则带来的运输障碍。这除了政府层面的求同存异、相互协调之外，同样需要高等教育机构的积极参与：一方面是从运筹学上的科学规划，另一方面是从文化制度上的契合点进行探讨。

高等教育机构作为贸易合作的科研机构对于“丝绸之路经济带”“贸易畅通”建设具有重要的社会责任。这种责任主要表现在三个方面：

首先，对基于文化和制度上相互尊重的双边和多边贸易规则制定进行研究，为“丝绸之路经济带”贸易合作提供智力支持。“丝绸之路经济带”共建的目标是摆脱世界经济“中心—外围”结构，推进包容多元文化的多极化世界政治经济新体系形成。它所强调的贸易规则是基于贸易双方相互尊重的、多样化的双边和多边贸易规则，它反对由某一经济强权者颁布并要求他国必须遵守的单一贸易规则。制定双边和多边贸易规则涉及双边和多边历史文化、政治体制、经济制度、社会习俗和资源禀赋等各个方面，非常需要对此进行专门研究的高等教育机构的积极参与。这种参与不仅来自“丝绸之路经济带”“贸易畅通”建设的现实需求，更是高等教育实践其经济功能“教以致用、研以致用”的根本要求。

其次，发挥高等教育机构在专门学科上的研究专长，主动服务“丝绸之路经济带”上相关领域具体经贸合作的开展。基于服务社会生产实践的要求，当前高等教育机构的主要力量集中在理工化较强的科学技术教学研究领域，但这并不意味着这些科学研究力量对“丝绸之路经济带”建设没有帮助；恰恰相反，这些学科所涉及的领域恰恰是“贸易畅通”和经贸合作的具体内容。正是因为这些领域教学研究工作的开展，“丝绸之路经济带”“贸易畅通”建设才具有了实践性。当前“丝绸之路经济带”沿线经贸合作主要围绕石化、矿产、通信电子、农产品、纺织品、轻工产品和机械装备制造等领域展开，高等教育机构在这些领域的智力优势应当更多地参与其中、更好地发挥推动作用。

最后，充分认识“丝绸之路经济带”共建的本质，对以文化为中心的无形商品贸易跨地区开展进行深入研究。随着信息化革命、互联网革命为文化交流带来的巨大便利，古丝绸之路以科技文化交流为动力的合作模式不必再限定在陆地上相邻的两个文化渐进交融的国家之间，以科技文化为中心的无形商品贸易正越来越广泛地在国与国之间展开。这是一种不同于以往的国际贸易新形式，它以多样性科技文化交流为引擎而非大宗商品倾销为引擎，具有多边而非单边性，交易规则还缺乏成例，更需要“丝绸之路经济带”沿线乃至广大发展中国家高等教育机构的共同积极参与。高等教育机构应认识到这种以科技文化为中心的国际经济合作不仅必然建立在本国和本民族文化基础之上，而且必将在未来的国际经济合作中具有越来越重要的作用。

（五）政策建议：高等教育如何实现对新冠病毒疫情之后全球化的推进

高等教育的独特功能和强大力量要求它必须承担起推动“丝绸之路经济带”“五通建设”的跨文化传播和智力支持作用。面对新冠病毒疫情之下英美主导的全球化的全面危机，国际社会合作何去何从，高等教育对疫情之后全球化的推进作用显得更为重要。我国的高等教育机构十分愿意并已经积极地投入“五通建设”工作中，但当前高等教育机构在推进“丝绸之路经济带”“五通建设”中很多问题仍然不容忽视，需要加以改进，如处理不善将会给疫情中和疫情后我国国际合作发展带来很大伤害。

第一，高等教育机构相关学科对“丝绸之路经济带”共建与英美主导的全球化（海洋经济一体化）差异的本质仍缺乏认识，没有把“民心相通”作为“丝绸之路经济带”共建的灵魂，很多以“丝绸之路经济带”为中心的研究和实务工作仍然是在推行英美主导的全球化的陈汤旧药，工作动机与工作效果很可能因此南辕北辙。以上问题在经济研究领域最为突出，而这一领域也恰恰是“丝绸之路经济带”“道路联通”“民心相通”“政策沟通”向经济产出转化的关键。无论“贸易畅通”中关于贸易规则的研究还是“货币流通”中关于金融制度的研究，目前不加批判地接受英美理论和制度的现象都大量存在，很多领域和机构中这种情况还十分严重，这种错误的方向不仅对“丝绸之路经济带”共建有害无益，更严重的是它还会直接破坏我国社会主义市场经济建设、阻碍我国经济长期可持续发展。因此本书的建议首先是我国高等院校经济学科的研究必须建立在马克思主义方法论之上，深刻认识英美金融制度背后的逻辑，理解“丝绸之路经济带”和“一带一路”共建倡议的本质，理解世界政治经济多极化和文化多元化趋势的历史必然，进行基于中国文化和制度以及各国文化和制度的研究，不能再简单照抄照搬英美的经济规则和经济理论，要把研究书写在祖国大地和“丝绸之路经济带”上，在学术上做一名有国、有家的创新者而不是照搬照抄的搬运工，否则给“丝绸之路经济带”共建不仅不会带来益处还会带来严重伤害。

第二，在众多高等院校围绕“丝绸之路经济带”共建设置的研究机构中仍然存着“名头多、成果少”和“成果多、可用少”的两类现象。近年来，我国高等教育机构围绕“丝绸之路经济带”共建设立了很多研究机构，这些机构对“丝绸之路经济带”共建正在或已经发挥着重要作用，但形式主义问题依旧存在，仍然有一些机构存在只挂牌子、出新闻而不做实际工作的情况。高校“丝绸之路经济带”相关研究机构的研究必须紧密结合实际，研究要接地气，迎合现实的需要。“丝绸之路经济带”共建是由具体实践工作组成的重要倡议，倡议实施的每一步都需要详尽具体、能付诸实践的研究成果和政策建议，过于形而上的研究在教学和研究中可能十分重要，但对于专门设置的“丝绸之路经济带”研究机构则意义不大，专门的研究机构既然是为“丝绸之路经济带”而建立就不能名不副实。因此本书的另一个建议就是高等教育机构应真正划拨出人力、财力和物力从事以“丝绸之路经济带”为对象能够具体落实的研究，而不是仅仅“挂挂牌子”“做做样子”“发发新闻”，教学研究一切如旧。

第三，很多理工学科特别是与“丝绸之路经济带”经贸合作密切联系的高等教育学术力量并未认识到“丝绸之路经济带”建设对于本学科发展的意义，还没有参与到“丝绸之路经济带”建设中去。虽然理工学科的研究过程需要遵循严格的形式逻辑，但这并不意味着理工学科的研究对象选择，特别是应用型理工研究对象选择，只能遵循形式逻辑发展上的边际突破，经济社会发展中所提出的重大命题同样是重要的研究对象，更需要科研工作者去付诸研究实践。除了对研究过程方法论与研究对象选择方法论的混淆问题，部分研究者科学研究的价值观偏差也是问题原因之一。“丝绸之路经济带”作为我国所提出的全球发展倡议或许不会得到英美等国家学术界的认同，围绕“丝绸之路经济带”的科学研究成果可能无法发表到英美世界的学术顶级刊物之上，但在英美学术刊物上发表成果并不应是我国高等教育机构和其科研人员的最终目标，确立科学研究服务国家和人民，把科学研究书写在中华大地，应当成为所有高校科研工作者最基本的价值观。

第四，政府对于提升高等教育机构投入“丝绸之路经济带”共建研究的积极性调动政策仍然不足。投入“丝绸之路经济带”共建工作固然是我国高等教育机构应尽的社会责任，也是高等教育机构社会功能的具体体现，但调动高等教育机构履行这种责任、发挥这种功能则应该是各级政府所应做的事情。让高等教育机构在“丝绸之路经济带”共建中劳而有功、耕耘之后能够有所收获是发挥它们建设作用的长久之计，一时的奉献容易实现，长期的只问耕耘、不问收获则难上加难。因此本书的最后一个建议就是呼吁各级政府通过科研或宣传管理部门对“丝绸之路经济带”上的所有相关研究设立专项课题和专项奖励，调动高等教育机构的积极性，推动其在“丝绸之路经济带”共建中作用的长期发挥，为新冠病毒疫情中和疫情后国际合作贡献更大力量。

第六章

结论和政策建议

一、研究结论

（一）“丝绸之路经济带”共建是不同于海洋经济一体化的新型全球化合作模式

“丝绸之路经济带”共建是党和国家在后金融危机时代、英美主导的海洋经济一体化不断衰落和世界经济多元化进程中所提出的重大倡议，是党和国家站在人类历史进程高度上对我国未来经济发展方向和模式所进行的重大战略设想，是当前我国经济摆脱对欧美经济体系依赖、应对全球危机和实现经济多元转型的重大战略选择，对于我国实现经济长期稳定的可持续发展产生重要而深远的影响。

“丝绸之路经济带”共建所提出的全球化合作模式是迥异于英美主导的海洋经济一体化的新型国际合作发展模式。这种发展模式尽管源于陆上相连的国家和地区之间，它也旨在复兴古代丝绸之路国际合作繁荣发展的动因，但它的适用范围随着交通运输革命和信息技术革命已不再仅仅局限于陆上国家和地区之间，“一带一路”倡议由此提出。“丝绸之路经济带”共建的核心在于通过“丝绸之路经济带”沿线国家相互尊重、相互协商的多边合作推进“经济带”及周边地区经济社会的共同发展，它以“五通建设”为基本方针，把“民心相通”和“政策沟通”放在共建的重要地位，把“道路联通”作为合作发展的硬件基础，把“贸易畅通”和“货币流通”作为合作发展的方向。这与海洋经济一体化模式相比体现出了根本的不同。

（二）文化交流是"丝绸之路经济带"共建的灵魂和动力

文化交流是"丝绸之路经济带"合作发展的灵魂和动力，这是"丝绸之路经济带"共建与英美主导的海洋经济一体化最核心的区别。"丝绸之路经济带"共建以文化上的相互尊重和相互理解为基础，推动经济上的互利合作，文化在前、经济在后，是充满文化关怀的"本地市场效应"所推动的经贸合作；而英美主导的海洋经济一体化伴随大宗商品倾销和激烈的文化冲突进而实施文化征服，经济在前、文化在后，是只强调生产技术"禀赋效应"所拉动的贸易往来。形成这一差异最为关键的原因在于生产力水平和地理环境，正是人类社会生产力飞跃后的信息成本下降和支撑海洋探险丰厚回报的自然环境随着"地球村"时代的到来逐步消失，从而导致了人类全球化由海洋经济一体化模式转向"丝绸之路经济带"共建模式。

文化交流对"丝绸之路经济带"共建之所以具有关键意义是因为"丝绸之路经济带"共建这一国际合作发展模式需要文化上的相互尊重和相互理解，"本地市场效应"驱动下无论是"道路联通""贸易畅通"，还是"货币流通"，取代海洋经济一体化单边规则的多边规则都要求以充分的文化交流和以此实现的"民心相通"为前提，而这一前提在海洋经济一体化保证生产"禀赋效应"效果充分发挥的规则输出和文化征服中并不存在。

（三）"丝绸之路经济带"文化交流的本质是有效推进不同文明相互跨文化传播

"因文而化"，"文化"一词本身就包含了交流。作为文化内涵的基本组成，文化传播既包括信息从信源向信宿的到达，也包括信宿对信源的信息反馈，是信息的双向流动。单独使用的"文化交流"一词显然不同于"文化"一词本身包含的交流含义，它具有特殊的指向，即跨文化传播。跨文化传播是全球化时代世界文化的主题之一，但并非所有跨文化传播都需要文化交流，英美主导的海洋经济一体化中"中心"国家向"外围"国家的文化输出也是跨文化传播，但那只是文化征服而非文化交流。

“丝绸之路经济带”共建倡议所覆盖的地理范围显然具有跨文化的性质，这一区域几乎覆盖了人类历史所有伟大的文明，从恒河流域和印度河流域的印度文明到伊朗高原之上的波斯文明，再到发祥于阿拉伯半岛的阿拉伯文明、爱琴海沿岸的地中海文明以及斯拉夫文明、北欧文明和中亚草原文明等。这种跨文化的性质要求“丝绸之路经济带”共建要想实现在相互尊重、相互理解和相互协商中合作共赢，就必须开展不同文化间广泛的交流，交流的目标就是最终实现不同文化背景人群在文化上的相互尊重和相互理解。因此可以说，这种文化交流就本质而言就是有效推进“丝绸之路经济带”沿线国家和地区间相互的跨文化传播。

（四）“‘丝绸之路经济带’跨文化传播路径选择模型”可以为“经济带”上跨文化传播提供分析工具

文化传播路径是以文化传播目标为指向的文化传播形式组合。由于不同文化传播形式因其自身特点限定，所针对的传播受众、所涉及的传播内容和所实现的传播效果都具有一定局限性，为达到全面有效的文化传播目标就需要对多种不同类型文化传播形式进行有机组合。

“‘丝绸之路经济带’跨文化传播路径选择模型”将“经济带”上的跨文化传播路径分为三个环节：“丝绸之路经济带”合作发展对文化交流的内在要求使得它必须把社会大众设定为跨文化传播的受众，人际传播或大众传播因此成为“丝绸之路经济带”跨文化传播路径上的必然一环；组织传播与群体传播通过培养“意见领袖”、构建“涵养空间”或搭建“传播桥梁”实现对人际传播或大众传播的推动，是传播路径上最具特殊性也最为关键的一环；对于“丝绸之路经济带”文化交流而言，跨文化传播的公共品属性和社会群体含义都要求必须将“政府传播”从组织传播中单列，形成“丝绸之路经济带”跨文化传播路径的起始一环。基于这一模型，可以得到“丝绸之路经济带”跨文化传播五种类型的可行路径，即

“政府传播—群体传播—人际传播”路径、“政府传播—群体传播—大众传播和人际传播”路径、“政府传播—组织传播—人际传播”路径、“政府传播—组织传播—大众传播”路径和“政府传播—大众传播和组织传播—人际传播”路径（见图 6-1）。

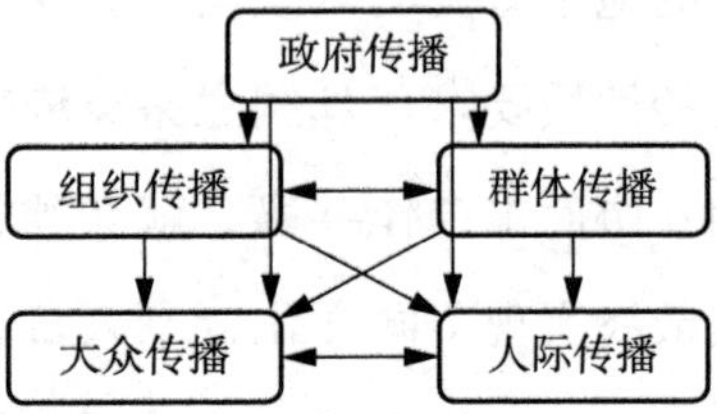

图 6-1 “丝绸之路经济带”跨文化传播路径选择模型

二、政策建议

（一）在全社会加强“丝绸之路经济带”共建倡议的政策宣传，全面提升从各级政府到企事业单位对“丝绸之路经济带”共建历史趋势的认识

当前文化交流推进“丝绸之路经济带”共建的最大障碍仍在于社会各界对“丝绸之路经济带”共建的重大意义缺乏理解，对于“丝绸之路经济带”共建这一国际合作新模式新在何处缺乏深入的认识，仍然一提到全球化就自然地想到英美主导的海洋经济一体化。这种不理解不仅包括社会公众，甚至很多高等学府的专门社会学科研究人员都会产生此类不自觉的联想。这里面既有着长期以来英美主导全球化惯性的原因，也有我们对党和国家重大倡议缺乏广泛宣传，特别是对“丝绸之路经济带”本质特征缺乏广泛宣传的原因。大部分机构和个人都熟悉了“丝绸之路经济带”这个词汇，但对这一概念的内涵、外延和特质是什么则非常陌生。本书指出“文化交流是‘丝绸之路经济带’共建的动力和灵魂”，但如果连“丝绸之路经济带”共建模式的本质是什么都不清楚，那又如何能理解文化交流在这

一模式中的关键意义？

在全社会加强“丝绸之路经济带”共建倡议的政策宣传并不是让人们多听听这个词汇，而是让整个社会去理解“丝绸之路经济带”共建的内涵，去理解这一全球化模式与英美主导的海洋经济一体化的区别，去理解它与世界多极化进程、经济发展“双循环”等世界发展趋势和国内大政方针之间的关系。只有如此，才能全面提升从各级政府到企事业单位对“丝绸之路经济带”共建模式作为全球化发展历史趋势的认识，才能主动在政府工作安排、企事业单位发展方向规划以及个人成长路径设计上主动向其靠拢，真正使“丝绸之路经济带”共建融入我们的社会生活。

（二）以政府组织为起始动力，全面推动“丝绸之路经济带”文化交流，在不同路径上同步推进“丝绸之路经济带”跨文化传播

文化环境的公共品属性使得跨文化传播特别需要政府组织作为起始动力，政府的作用不仅限于对“丝绸之路经济带”跨文化传播的提倡，它更关系到全社会资源配置效率的有效提升。也正因如此，“丝绸之路经济带”“五通建设”方针专门将“政策沟通”单列；也正因如此，本书在“‘丝绸之路经济带’跨文化传播路径选择模型”构建中专门将“政府传播”从组织传播中单列。2017 年，国家新闻出版广电总局开始设立《经典中国国际出版工程、丝路书香工程重点翻译资助项目和中国当代作品翻译工程项目》，文化部发布了《文化部“一带一路”文化发展行动计划（2016—2020）》，都体现了政府对于“丝绸之路经济带”跨文化传播的推动意愿。

政府对“丝绸之路经济带”文化交流的推进不应限定在个别的文化传播形式之上，而应覆盖所有类型的跨文化传播路径，不应只把目光锁定在常规的图书翻译、旅游宣传和孔子学院等传播方式上，更应全面审视任何可以实现跨文化传播目标的路径，在跨境电商平台、跨国专家群体组织等不同类型跨文化传播途径上全面发力，从而真正实现政府对“丝绸之路经济带”文化交流的全面推动。

（三）把各类跨文化传播路径上的“文化桥梁”作为工作抓手，在关键环节下硬功夫推进“丝绸之路经济带”文化交流

“文化桥梁”是跨文化传播的关键环节，是跨文化传播区别于相同或近似文化环境文化传播的关键，也是文化传播理论集中阐释的内容。施拉姆表述的“共同的意义空间”、拉扎斯菲尔德表述的“意见领袖”，以及格伯纳发挥“涵化”作用的群体，实现的作用在跨文化传播中都可以表述为建构跨越文化的桥梁。因此本书构建的“‘丝绸之路经济带’跨文化传播路径选择模型”将这一“文化桥梁”设定为关键和核心环节，专题分析中“政府传播—群体传播—人际传播”路径、“政府传播—群体传播—大众传播（人际传播）”路径、“政府传播—组织传播—人际传播”路径和“政府传播—组织传播—大众传播”路径分别选择了担当“文化桥梁”的海外华人群体、跨国专家群体、跨境电商平台、文化产品国际贸易作为研究中心，“政府传播—大众传播（组织传播）—人际传播”路径中尽管国际旅游处在第三个环节，其承担的功能也仍然是“文化桥梁”。

对于“丝绸之路经济带”共建中的跨文化传播而言，毫无疑问“文化桥梁”应作为研究的重点和工作的抓手，只有在这些环节下硬功夫研究和推进，以文化交流推进的“丝绸之路经济带”合作才能顺利开展。本书对“丝绸之路经济带”六种跨文化传播类型中所选择的五个“文化桥梁”进行了重点研究，提出了切实可行的实施政策建议，相关内容在专题分析中已经详细阐述，这里不再重复。

（四）充分调动企业和个人等独立主体的内驱力，让“丝绸之路经济带”跨文化传播真正实现“民心相通”

“丝绸之路经济带”文化交流的最终目的是实现“民心相通”，是以“民心相通”为基础的“道路联通”“贸易畅通”和“货币流通”，“民心相通”与“政策沟通”互为因果。“丝绸之路经济带”文化交流在起始时可能集中于某个

专业领域或特殊群体,但它最终必然会扩展到整个社会,人际传播或大众传播是“丝绸之路经济带”跨文化传播路径上的必然一环。

“丝绸之路经济带”跨文化传播的目标是加深两个原本文化相异地区社会整体之间的文化尊重和文化理解,充分关注跨文化传播中社会独立主体(无论是个人还是企业)的内驱力不仅十分重要而且非常必要。这也就是说跨文化传播工作不仅要关注传播内容和传播路径,也要关注传播受众的个体行为特征并基于此采取相应的激励手段。这种激励手段在不同跨文化传播形式和传播路径上有着不同的表现,比如对于国际旅游的宣传就是提升异域文化对个人好奇心的吸引,对于跨境电商平台的宣传就是提升市场开拓对企业盈利动机的吸引,对于海外华人的宣传就是提升文化寻根对个人文化自信强化的吸引,对于专家群体建构的宣传就是提升技术突破、联合攻关和服务社会的吸引,等等。政府宣传所提供的社会氛围只会形成“涵化”环境,“意见领袖”的言论只是进行引导,国际旅游中的所见所闻也只会在原有个人价值体系基础上展开建构,跨文化传播的最终目的还是实现大多数社会个体对不同文化的理解和接受。因此,只有把个体行为分析纳入跨文化传播之中,充分调动企业和个人等独立主体的内驱力,“丝绸之路经济带”跨文化传播才能真正实现“民心相通”。

参考文献

[1] 马克思．资本论［M］．北京：人民出版社，2004.

[2] 习近平．习近平谈“一带一路”［M］．北京：中央文献出版社，2018.

[3] 庇古．福利经济学［M］．北京：商务印书馆，2006.

[4] 成健，陈雪珊．中国文化产品贸易问题及发展对策［J］．对外经贸，2020，317（11）：18-21.

[5] 程曼丽．政府传播机理初探［J］．北京大学学报（哲学社会科学版），2004（2）：133-139.

[6] 窦鹏．陕西红色文化资源共建共享策略探讨［J］．新西部（理论版），2016（7）：30-31.

[7] 段晓影．中国对外文化贸易发展存在的问题及原因分析［J］．前沿理论，2015（3）：28-29.

[8] 杜志明，高贵春．高等教育在经济社会发展中的地位与功能［J］．辽宁大学学报（哲学社会科学版），2002（4）：95-97.

[9] 冯凯，吴洁，李静超，等．新冠肺炎疫情防控中医院抗疫文化建设工作探讨［J］．中国医疗管理科学，2020（6）：46-48.

[10] 樊为之．陕西文化发展及文化产业研究报告［J］．新西部，2018（19）：67-73.

[11] 高晓虹，李怡滢．加强国际合作　讲好中国故事　有效影响国际舆论：中央广播电视总台后疫情时代的国际传播实践［J］．电视研究，

2020（9）：4-7.

[12] 何炳武，王永莉．陕西省历史文化资源整合研究 [J]. 长安大学学报（社会科学版），2011（1）：16-21.

[13] 何志鹏，王艺婴．国际法视角下的国际抗疫合作之困境与出路 [J]. 武大国际法评论，2020（3）：1-14.

[14] 霍夫兰．传播与劝服 [M]. 北京：中国人民大学出版社，2015.

[15] 黄载皓，王伟．国际合作抗疫下的积极效应 [N]. 环球时报，2020-03-28（7）.

[16] 蒋志远．重大疫情防控的多元组织合作动力机制研究 [J]. 理论建设，2020（6）：13-17.

[17] 金伟．抗疫国际合作的中国故事 [J]. 人民论坛，2020（22）：45-47.

[18] 江媚．因地制宜："一带一路"倡议下跨境电商发展策略 [J]. 长沙大学学报，2020，34（5）：86-91.

[19] 保罗·F. 拉扎斯菲尔德，伯纳德·贝雷尔森，黑兹尔·高德特．人民的选择：选民如何在总统选战中做决定 [M]. 3 版．唐茜，译．北京：中国人民大学出版社，2012.

[20] 李良荣，张莹．新意见领袖论 [J]. 现代传播，2012（6）：31-33.

[21] 李海莲，陈荣红．跨境电子商务通关制度的国际比较及其完善路径研究 [J]. 国际商务（对外经济贸易大学学报），2015（3）：112-120.

[22] 李秋雨，黄悦，刘继生，等．广东省旅游业依赖度与经济增长关系的空间态势 [J]. 经济地理，2015，35（5）：185-191.

[23] 李雄鹰，王颖．丝绸之路经济带建设中中国高等教育的机遇与责任 [J]. 长安大学学报（社会科学版），2017（2）：132-137.

[24] 李兴江，马亚妮．新丝绸之路经济带旅游业发展对经济影响的实证研究：基于甘肃省数据的模型检验 [J]. 开发研究，2011，156（5）：

56-58.

[25] 李炜．陕西省文化产业绩效评价研究［D］．西安：西安工程大学，2011.

[26] 李辉．跨文化视角下我国跨境电商营销策略研究［J］．商业经济研究，2020（12）：71-73.

[27] 刘小军，张滨．中国与一带一路沿线国家的跨境物流协作：基于物流绩效指数［J］．中国流通经济，2016，30（12）：40-46.

[28] 刘祖良，赵强．高等教育强国战略的历史发展与现代功用［J］．北京航空航天大学学报（社会科学版），2010（2）：105-108.

[29] 刘晓红，李国平．旅游业对区域经济增长的溢出效应研究：关于西安市的实证分析［J］．江西财经大学学报，2005（3）：57-60.

[30] 罗娜，罗乐娟．基于"一带一路"的跨境电商对我国进出口贸易影响实证研究［J］．商业经济研究，2018（20）：132-134.

[31] 罗健萍．跨境电商的市场分析与发展趋势前瞻［J］．商业经济研究，2018（10）：64-67.

[32] 卢俊．专家现象的传播学分析［J］．戏剧丛刊，2009（6）：136.

[33] 卢永刚．电子商务引起的国际贸易创新研究［D］．北京：对外经济贸易大学，2005.

[34] 毛阳光．隋唐洛阳：隋唐时代丝绸之路起点［M］．西安：三秦出版社，2015.

[35] 马克斯．韦伯．新教伦理与资本主义精神［M］．北京：三联书店，1987.

[36] 马歇尔．经济学原理［M］．北京：商务印书馆，1981.

[37] 马雪松．新全球化思潮对合作抗疫的重要价值［J］．人民论坛，2020（11）：22-25.

[38] 潘勇．我国跨境电商的现状、问题与未来发展［J］．理论视野，2017（12）：36-39.

［39］齐伟伟．我国跨境电商产业链构成、问题及创新发展［J］．商业经济研究，2020（11）：163-165.

［40］乔子瑜．改革开放40年陕西高等教育发展状况研究［J］．中国报业，2019（4）：96-98.

［41］瞿华，夏杰长．我国旅游业发展与经济增长关系的实证研究：基于1985—2009年数据［J］．财贸经济，2011（8）：106-112.

［42］瞿振元．“一带一路”建设与国家教育新使命［N］．光明日报，2015-08-13（11）.

［43］任晶晶．疫情影响下的中国外交：凝聚全球共识，推动国际合作［J］．东北亚学刊，2020（5）：23-28.

［44］石定华．文化差异对我国跨境电商营销的影响与策略［J］．现代营销（经营版），2019（9）：122.

［45］沈陈，徐秀军．新冠肺炎疫情下的金砖国家合作：挑战、机遇与应对［J］．当代世界，2020（12）：65-72.

［46］沈桂萍．培育中华民族共同体意识构建国家认同的文化纽带［J］．西北民族大学学报（哲学社会科学版），2015（3）：1-6.

［47］盛斌，黎峰．“一带一路”倡议的国际政治经济分析［J］．南开学报（哲学社会科学版），2016（1）：52-64.

［48］邵凤丽．祭祖礼仪的文化传统［J］．文史知识，2015（7）：36-41.

［49］孙秀玲．正确认识“多元一体”是培养中华民族共同体意识的关键［J］．红旗文稿，2015（10）：29-30.

［50］孙英春．跨文化传播学［M］．北京：北京大学出版社，2008.

［51］史亚洲．陕西参与“丝绸之路经济带”建设的比较优势［J］．西安航空学院学报，2014（6）：26-29.

［52］苏晨晨．中国文化服务贸易现状及影响因素分析［J］．对外经贸，2020（3）：11-15.

[53] 万俊人．经济全球化与文化多元论［J］．中国社会科学，2001（2）：38-48+205.

[54] 武焱旻，赵庚科．陕西高等教育发展态势及对策［J］．科技与教育，2011（11）：83-86.

[55] 汪永臻．陕西省文化产业和旅游产业耦合发展的实证研究［J］．兰州文理学院学报（社会科学版），2020（3）：46-52.

[56] 王保忠，何炼成，李忠民．“新丝绸之路经济带”一体化战略路径与实施对策［J］．经济纵横，2013（11）：60-65.

[57] 王国刚．“一带一路”：基于中华传统文化的国际经济理念创新［J］．国际金融研究，2015（7）：3-10.

[58] 王俊生，田德荣．以抗疫合作为基础推动中日韩三国合作［J］．海外投资与出口信贷，2020（3）：27-30.

[59] 王长寿．陕西文化产业发展的战略选择和对策建议［J］．新西部，2019（19）：11-17.

[60] 徐海宁．对外经济合作中的文化冲突与对策：基于“一带一路”视角的考察［J］．国际经济合作，2015（7）：35-37.

[61] 薛东前，石宁，段志勇，等．文化交流、传播与扩散的通道：以中国丝绸之路为例［J］．西北大学学报（哲学社会科学版），2013（5）：781-786.

[62] 杨敏，罗辉．新疆旅游业与经济增长关系浅析［J］．资源与产业，2008，10（4）：83-86.

[63] 杨莉．旅游业对大理州经济增长的影响［J］．云南民族大学学报（哲学社会科学版），2006，23（2）：93-95.

[64] 杨捷．新冠肺炎疫情与加强国际安全合作必要性研究：基于非传统安全视角［J］．南方论刊，2020（12）：11-13.

[65] 杨建春．贵州省旅游业与经济增长关系的实证分析［J］．贵州社会科学，2010（5）：80-84.

[66] 杨坚争，郑碧霞，杨立钒．基于因子分析的跨境电子商务评价指标体系研究［J］．财贸经济，2014（9）：94-102.

[67] 杨鹍飞．中华民族共同体认同的理论与实践［J］．新疆师范大学学报（哲学社会科学版），2016（1）：83-94.

[68] 闫娜．陕西省文化产业结构优化研究［D］．西安：西安建筑科技大学，2019.

[69] 叶冲，李化树．论丝绸之路经济带建设的高等教育价值向度［J］．广西社会科学，2018（9）：207-210.

[70] 余大伟．陕西高等教育与“一带一路”建设［J］．现代经济信息，2018（3）：461.

[71] 姚北洞．双重国籍合法化的益处、困难及其解决路径［J］．新西部，2015（11）：68-72.

[72] 姚聪莉．陕西高等教育发展的态势、挑战及其对策［J］．西北大学学报（哲学社会科学版），2007（6）：90-95.

[73] 姚宇，夏德水，赵雨晴．“丝绸之路经济带”经济一体化和五通建设研究［M］．西安：陕西师范大学出版社，2017.

[74] 姚宇，庆东瑞．从实证主义到实用主义的社会分析：社会学简明讲义［M］．北京：中国经济出版社，2020.

[75] 姚宇．基于祭祖文化的中华民族共同体意识培育路径研究［J］．陕西行政学院学报，2018（1）：76-82.

[76] 姚宇．自由主义经济学的解读与批判（修定版）［M］．北京：中国经济出版社，2021.

[77] 亚当·斯密．国民财富的性质和原因的研究［M］．北京：商务印书馆，1974.

[78] 约翰·穆勒．政治经济学原理［M］．北京：商务印书馆，1974.

[79] 岳斯嘉．中国文化贸易的发展现状与对策研究［J］．审计观察，2019（1）：48-51.

［80］万思媛．我国文化贸易的现状分析与对策研究［J］．中国国际财经（中英文），2017（17）：20-21.

［81］张培刚．新发展经济学［M］．郑州：河南人民出版社，1991.

［82］张美丽，李霁晨．陕西省文化产业发展困境与对策研究［J］．经贸实践，2018（2）：198.

［83］张敏，王昊．从物流供应链视角看疫情防控国际合作路径［J］．法治论坛，2020（4）：238-246.

［84］张国建．陕西文化产业发展与高校文化自信教育研究［J］．轻纺工业与技术，2019（12）：178-179.

［85］张朝霞，黄昭文．文化传播学［M］．北京：中国人民大学出版社，2019.

［86］张汝伦．经济全球化和文化认同［J］．哲学研究，2001（2）：17-24+79.

［87］张媛．陕西文化产业发展现状及对策研究［D］．西安：西安工业大学，2015.

［88］张军谋．丝绸之路经济带甘肃段旅游产业发展战略研究［J］．宝鸡文理学院学报（社会科学版），2016（5）：59-63.

［89］赵旭明，杨晓涵．跨境电子商务发展对我国对外贸易模式转型影响分析［J］．商业经济研究，2016（8）：75-77.

［90］赵东．陕西历史文化资源的特性与类型［J］．西安财经学院学报，2014（6）：101-104.

［91］赵刚．民族政策与国家民族的建构：兼论中华民族共同体意识的培养［J］．广西社会主义学院学报，2016（5）：63-68.

［92］郑莹．基于新时代跨境电商平台构建研究［J］．商场现代化，2020（18）：65-67.

［93］周谷平，阚阅．“一带一路”战略的人才支撑与教育路径［J］．教育研究，2015（10）：4-9+22.

［94］周彩艳．中小跨境电商出口面临的瓶颈与对策［J］．中国经贸导刊（中），2019（12）：18-20.

［95］朱熹．四书章句集注［M］．北京：中华书局，2003.

［96］Archer B. Tourism in Mauritius：an economic impact study with marketing implications［J］．Tourism Management，1985，6（1）：50-54.

［97］Drisakis N. Tourism as a long-run economic growth factor：an empirical investigation for Greece using a causality analysis［J］．Tourism Economics，2004，10：305-316.

［98］Gunduzl，Hatemi-J A. Is the tourism led growth hypothesis valid for Tuekey［J］．Applied Economics Letters，2005，12（8）：499-504.

［99］Herry E W，Deane B. The contribution of tourism to the economy of Ireland in 1990 and 1995［J］．Tourism Management，1997，18（8）：535-553.

［100］Jacint Balaguer，Manuel Cantavella-Jorda. Tourism as a long-run economic growth factor：the Spanish case［J］．Applied Economics，2002，34（7）：877-884.

索　引

D

K

L

M

N

O

P

T

W

X

Y

Z